壁を越えられないときに教えてくれる一流の人のすごい考え方

西沢泰生

アスコム

壁を越えられないときに
教えてくれる
一流の人のすごい考え方

プロローグ

一流の人たちのすごい考え方は
誰でもできるようになる！

この本は、「一流」と呼ばれる人たちのエピソードによって、あなたの悩みやモヤモヤとした気持ちを解消し、明るく前向きな心になっていただくための本です。

何もかもが不安定な現代。仕事、勉強、お金、恋愛、家族、友人関係などなど、あなたもいろいろな不安や悩みを抱え、時には壁にぶち当たりながら生活されていることと思います。

一説によれば、「1人の人間が1日に思考する回数は約7万回で、そのうちの8割はネガティブな思考をしている」のだそうです。

つまり、マイナスな考え方をすることは極めて自然なのです。無理やり「ポジティブに考えろ！」と言われても、「そんなこと言われても…」となるのが普通であるわけです。

でも、常に前向きな人がいるのも事実。そういう人は心の底には不安や悩みがたくさんあっても、独自の考え方やポリシーによって、自分をうまく騙して自己暗示をかけています。ネガティブな考えを排除し、何ごとも前向きに考える思考法を手に入れているのです。

世間で「一流」と言われている人たちには、圧倒的にこの「前向きな人」が多い。つまり、この「一流な人たち」と同じような「考え方」を持つことができれば、彼らと同じように成果を残せる可能性も高まるということです。

本書には、そんな一流の人たちが、どんなすごい考え方をして、壁を乗り越えてきたのかを、ギッシリと詰め込みました。集めた「考え方」は、「なるほど～」と納得できるモノ、かなりぶっ飛んでいてちょっと引いてしまうモノなど、とてもバラエティ豊かなラインナップとなりました！

「一流の人たちの考え方」と聞いて、ちょっと構えてしまったあなた、安心してください。凡人には真似できないような結果を残していても、その結果に至る「彼らの発想」はどれも、ちょっと視点を変えただけのものが意外に多い。つまり、**少し頭を切り替えるだけで、誰にでも真似することができるものばかり**なのです。

クイズ形式こそ記憶にとどめるベストな方法

そして、これが**本書の最大の特長なのですが、そんな一流の人たちのすごい考え方を、クイズ形式で紹介しています。このクイズ形式と言うのが、実はミソ。**

一流の人の立派な考え方を読んでも、読んだ時は納得するかもしれませんが、「すぐに内容を忘れてしまって、実行に移せなかった」なんていう結果に終わることが多いと思います。今までに自己啓発書と呼ばれる書籍を読まれてきたあなたも、そんな経験をお持ちのことでしょう。

でも、**クイズ形式ならば、まずは自分で答えを見つけようと努力します。もちろん、努力と言っても、ゲーム感覚で楽しみながらの作業です。**そして答えを見て、

「ゲッ、全然違う…」と思ったり、正解して「よっしゃ！」と思ったり…。

このプロセスがとても重要なのです。なぜなら**人間の頭は、楽しみながら自分で一度考えた方が、記憶に残りやすい**のですから。

ちなみに、日本最高峰の学府である東京大学に受かった人たちの多くも、受験勉強では喜怒哀楽がともなった方が記憶に残りやすかったと指摘しています。

そして、クイズ形式ならではの長所が、もう1つ。

本書で読んだ問題を、周りの友人や家族に出題してみてください。

もしかしたら正解よりもすばらしい回答を言ってくるツワモノがいるかもしれません。このやり取りが結構面白い！　あなたが不正解なのに相手が正解だったら少し悔しいでしょうし、逆なら心の中で「勝った！」と密かにガッツポーズをすることもあるでしょう。

こうした体験が、本書の内容を、さらに記憶にとどめることにもつながるのです。しかも、楽しみながら！

『アタック25』で優勝
『ウルトラクイズ』では準優勝

実は本書をクイズ形式にしたのには、もう1つワケがあります。

それは、私がクイズに対して、大きな思い入れを持っているということです。


ここで簡単に自己紹介をさせてください。

私は1962年、神奈川県で生まれました。少し引っ込み思案な面はありましたが、わりと普通の子供だったと思います。こんな私に、小学校1年の時に1つの転機がおとずれました。

ある日、親から「歯医者で泣かなかったら、好きな本を買ってあげる」と言われたのです。見事(!?)その難関を突破し、本屋さんで悩んだ末に選んだのは「なぞなぞ」の本。これが、クイズとの出会いでした。

その後、なぞなぞ好きはクイズ好きへと進化。中学2年の時にテレビでクイズの日本一決定戦を観て、クイズ王に憧れます。このあたりから、「いつかはクイズ番組で優勝したい」という野望が芽生え始めました。

そして、大学生になると、本当にクイズ番組に出場するようになります。『パネルクイズ アタック25』『クイズタイムショック』などで優勝。『第10回 アメリカ横断ウルトラクイズ』では、決勝戦の夢舞台であるニューヨークまで行き、ウルトラクイズ史上唯一の「北米チャンピオン」になることもできました。まあ、これは他の回ならただの準優勝なんですけど…。そして、クイズ番組の出場回数はいつしか20回を超え、現在でも一生の友として楽しんでいます。

クイズは本当に楽しい。知識が増えますし、視野も広がります。話題も豊富になって世代の離れた相手とのコミュニケーションにも大いに役立ちます。

アンドレ・ブルトンと藤田 田、この2人の「すごい考え方」とは?

さて、ここでウォーミングアップのクイズを出題しましょう。まずはフランスの詩人のアンドレ・ブルトンに関する問題です。

ブルトンがいつも通る街角に、一人の物乞いがいました。首から下げた札には

「私は目が見えません」と書かれています。でも、彼の前に置かれたアルミのお椀にコインが入ることは、めったにありませんでした。そこでブルトンが、ある言葉を書いた札を彼に渡して首から下げさせます。すると突然、お椀にコインが入り始めたのです。そこで、クイズ！

問題

ブルトンは物乞いに「札に書かれた言葉を変えてみては？」と提案します。そこで、ブルトンが物乞いの札に書いた「魔法の言葉」とはどんな内容だったのでしょう？（ヒント：書かれた言葉はたったの2行。最初の1行は「春はまもなくやってきます」です）

答え

「春はまもなくやってきます。でも、私はそれを見ることができません」

【出典】『日本語教室』井上ひさし著（新潮社）

さすが、詩人。名コピーです！　この話は、コピーライターの勉強をすると必ず出てくるというくらい有名なのだそうです。この物乞いは、ずっと同じ格好で立っていました。にもかかわらず、札に書かれた「言葉」を変えただけで、多くの人が彼にコインを与えたのです。

では続けてもう1問。お次は、日本マクドナルド創業者の藤田 田に関する問題。まだアメリカの大統領がケネディの頃、彼が輸入雑貨販売店「藤田商店」をやっていた当時の出来事です。

ある日、アメリカの某企業からトランジスタラジオ３０００台の発注を受けたのですが、メーカーに発注して製品ができあがった頃、彼のもとにとんでもない知らせが届きます。それは、「注文はすべてキャンセル。料金も払わない」というもの。

当時の日本はまだ、敗戦国というイメージが強く、アメリカ企業は日本の企業に発注後でも、平気で契約を破棄するのが日常茶飯事だったのです。多くの日本企業は、泣き寝入りしていました。でも、藤田 田はこの暴挙を許さなかった…。

問題
アメリカ企業の暴挙に腹を立てた藤田 田。あるとんでもない方法で契約のキャンセルを撤回させてしまいます。さて、その驚きの方法とはどんな手だったでしょう？

答え

ケネディ大統領に直訴の手紙を送った

なんと藤田さん、時の大統領にチクってしまったんですね！　手紙の中で彼は、ケネディのことを「民主的貿易の擁護者であり、かつまた米国民の代表」と持ち上げた上で、某社の行いについては「アメリカにとっては普通の行為でも、他国にとっては迷惑な損害を発生させることがあります」として、ぜひ救って欲しいと訴えています。そして、「忙しいとは思いますが、1分でよいので某社の社長へ電話をかけて一言お願いします」と、具体的な指示まで出しているのです。

結果、1か月後に駐日アメリカ大使館から呼び出しを受けた藤田 田は、担当者から「業者にキャンセルの撤回を勧告する」という回答をもらうことに成功したのです。こうして、前代未聞の大統領への「チクリ作戦」は大成功をおさめたのでした。

イチロー、ジョブズなど本書では一流の人が次々と登場

ブルトンのエピソードでは、「言葉が持つ力は計り知れない。だから、言葉を大切に、そして慎重に使いましょう」ということが学べます。

藤田 田のエピソードでは、「問題解決の最短ルートは、決定権のある大物に動いてもらうこと」という教えを得ることができます。

本書には、時代、国籍、職業を問わず様々な一流の人たちがバラエティ豊かに登場します。その人物たちの「すごい考え方」をぜひクイズでご堪能ください。

「世界的野球選手・イチローが嫌いな言葉とは？」

「スティーブ・ジョブズがビル・ゲイツにかましたハッタリとは？」
「国内屈指の一流ホテル・帝国ホテルのバーテンダーが2杯目のグラスを置く位置とは？」
などなど…。答えを知りたくありませんか？　正解は、本書の中にありますので、お楽しみに！

さあ、ぜひあなたも一流の人たちのすごい考え方をヒントに、悩みをけちらし、今まで越えられなかった壁をヒョイと乗り越えてください！

西沢泰生

※本文中の人名は一部を除き、敬称略
※本書は初版発行時２０１２年10月現在の情報にもとづいています

第1章 この人たちのポリシー

第4章 この人たちのワザ

第5章 この人たちの魔法

第1章
この人たちのポリシー

イチローが嫌いな言葉

他人に振り回されず、自分を信じる

打って、走って、守れる哲学者、イチロー。彼はメジャー移籍1年目から首位打者、盗塁王、新人王、そしてリーグMVP。これ以上ない結果を残しました。

第1問は、「野球」に対するストイックな姿勢や達観した言動が、数々のビジネス書に取り上げられている彼の言葉からの出題です。

問題

イチローがインタビューの中で「嫌いな言葉」を挙げました。さて、何という言葉だったでしょう？（※ヒント：漢字2文字。彼がこの言葉を嫌うのは、渡米前に「いくらイチローでも、メジャーでは並のバッター」と酷評されたから⁉）

答え

成功

イチローはこう言っています。

「成功にもいろいろあると思うんですけど、自分の中で立てた目標というものを成し遂げた。そのことを成功だと言うのなら、わかります。でも、他人が言う成功を追いかけ始めたら、何が成功かわからなくなる」

なるほど。成功の基準を決めるのは自分自身。そして、自分で決めたからウソはつけない。美学です。

この考え方は、奥様（元アナウンサー。旧姓福島弓子さん）への評価からも垣間見ることができます。渡米当初の奥様への周囲の評価は、次のようなものでした。

「ユミコはイチローと結婚できてラッキーだ」

それが、イチローが渡米して、しばらく経ってからの奥様への周囲の評価は…。

「イチローはユミコと結婚できてラッキーだ」

イチローを支える献身的な奥様の姿に、まわりの声はあっさりと逆転。「他人の評価」なんて、その程度のいい加減なものなのです…。


赤の他人を喜ばすのではなく、まずは自分ために、そして自分を支え、応援してくれる仲間のために頑張ることが大事なのです。**自分自身が「やったぞ!」となって初めて、「成功」という言葉は意味を成す**のではないでしょうか。

なので、そのときの気分や、ネタとして盛り上がるかどうかで面白がることが多い第三者のことは、あまり気にしなくていいと思うのです。

最後に、他人からの評価に惑わされることのくだらなさを語る賢人たちの言葉をお届けします。

「他人を基準にしたら、自分の明日は描けない」 by 為末 大
自分の中にブレない軸を作ることが大切だと、為末選手も言っています。

「日本のビル・ゲイツじゃなくて、世界の孫 正義になりたい」by孫 正義

「日本のビル・ゲイツ」という評価は、孫氏にとっては「成功」ではないのですね。彼ほどになれば、自分を誰かのコピーだと評されても嬉しくはないでしょう。

「人の言う事は気にするな。『こうすれば、ああ言われるだろう…』、こんなくだらない感情のために、どれだけの人がやりたいこともできずに死んでいくのだろう」byジョン・レノン

他人からの目を気にするあまり、夢を諦めたり隠したりするなんて、もったいなすぎると思いませんか?

一流の人のすごい考え方

他人の評価に惑わされない。信じるのは「自分基準」。

【出典】『イチローイズム』石田雄太著(集英社)、『走る哲学』為末 大著(扶桑社)

御柱祭に参加したいと言い出した岡本太郎

生き方も爆発だ⁉

日本に数々お祭あれど、諏訪神社の「御柱祭」くらい危険なお祭はないでしょう。大木を引っ張って急斜面の坂から落とし、その周りに男たちが群がったりするのです。しかも、死者が出ても中止にならずに続いている…。

さて、芸術家の岡本太郎が、この御柱祭へ行った時のエピソードです。普段から、ただでさえテンションが高い岡本センセイ。御柱に乗せてもらって例の坂まで来たそのとき、「このまま自分も坂を下りる！」と、とんでもないことを言い出しました…。

問題

御柱祭で「柱に乗ったまま坂を下りる」と言い出した岡本太郎は、同行者たちから「ダメですよ、死んじゃいますよ」と止められた時、何と言い返したでしょう?

答え

「死んで何が悪い！」

さすがセンセイ。人生に対する「覚悟」も爆発しちゃっています。なんとこの時69歳。パワフルです。

ちなみに「太陽の塔」の製作を引き受けた理由は「自分にとって、この仕事を受けることは、とても危険な気がするから…」だったとか。

「危険だ、という道は必ず、自分の行きたい道なのだ」という名言も残しています。

「死んで何が悪い！」はさすがに極端な例かもしれませんが…、**本当にやりたいことがあるのだったら、多少のリスクは顧みないで進みたい**ものです。

危険なこと、嫌なことは、誰もが避けようとします。でも発想を変えれば、**誰もやらないのだから、自分が率先して行なえば、パイオニアになれるチャンスがある**

わけです。岡本太郎も、やりたいことを突き詰めた結果、芸術家として大家となれたのだと思います。

人は何歳になっても、チャレンジ精神旺盛にいきたいものです。**覚悟を決めて突っ走る人生は、後悔がなく、充実した楽しいものに違いありません！**

「人間にとって最大の恐怖は、死である。それを克服すれば、もう怖いものはなくなる」by 見城 徹（幻冬舎社長／編集者）

死と向き合うのは大事ですが、それを恐れるのではなく、その恐怖を乗り越えてしまうという前向きな発想の転換をしたいものです。

「何の為に生きるのかとか、どこから来てどこへ行くのかなどという果てしない問いは、ごはんをまずくさせます」by 杉浦日向子

悩んでばかりいては、せっかくの食事の時間がつまらなくなりますよね。

「子供時代から死ぬのがイヤで、ずっと逃げ回ってたけど、もう逃げる

のはやめました」by ビートたけし

一度死にかけた彼ならではの達観した言葉です。現実を受け止めた上で覚悟を決めてしまえば、意外と気分はスッとラクになるのかもしれません。

一流の人のすごい考え方

「覚悟」を決めれば怖いモノはなし。

【出典】『岡本太郎の仕事論』平野暁臣著（日本経済新聞出版社）、『人は自分が期待するほど、自分を見ていてはくれないが、がっかりするほど見ていなくはない』見城徹／藤田 晋著（講談社）、『粋に暮らす言葉』杉浦日向子著（イースト・プレス）、『黒澤明、宮崎駿、北野武―日本の三人の演出家』（ロッキング・オン）

江頭2:50の「座右の銘」

自分の役割りをまっとうする

どんな番組にも突然乱入し、のっけからハイテンションで嵐のように暴れまわり、その場の空気を全部持って行く。彼の名は江頭2：50。

こんな立ち位置をキープしているタレントが他に1人でもいるでしょうか？　日本はおろか、世界中を探してもなかなかいないでしょう。

過激な芸が度を越して、トルコで全裸になって現地警察に身柄を拘束された事件もありましたが…それもまあ、エガちゃんらしいと、私などは好感を持ってしまいます。

問題

江頭2：50の座右の銘は、「1クールのレギュラーより、1回の○○」。さて、この○○に入る言葉は何でしょう？　漢字2文字です。

答え

伝説

「1クールのレギュラーより、1回の伝説」。

あの江頭2：50という男は、毎回毎回、伝説を残そうとしているのです。そう言えば某番組に出演した時に、「伝説残すからな〜！」と叫んでいましたっけ。

タレントにとって、ノドから手が出るほど欲しいレギュラー番組。でも、彼はそんなモノには目もくれません。自分の「役割」を理解し、自分にしかできないことを高い志（だって「伝説」ですよ！）を持ってやっている。

サラリーマンの安定した生活を求めず、自分の好きなことをして、一攫千金を狙う、夢多き起業家といったところでしょうか。

ひと番組完全燃焼の彼を見ていると、**「生きがい」は1億円出しても買うことはできないと言うこともありますが、「もしかしたら、1円も払わなくても手に入れ**

ることができるのでは⁉」なんて、思えてしまいます。

そう言えば、震災直後には、被災地に救援物資を1人で届けたことで話題を呼びました。しかしこの時彼は、「報じられたくなかった」と語っています。「自分はあくまでボランティアとして個人的に行っただけであり、芸人としてではない」と、明るみに出ることを拒んだと言われています。もしかしたら**芸人としての自分自身のキャラクターをくずしたくないという思いが背景にあった**のかもしれません。

「どれだけカッコよく、カッコ悪いことをできるかが大切」by 秋元 康

さすが「AKB48」の仕掛人、秋元 康！ 自分の役割を考えて本気になって取り組めば、どんなことでも最後はカッコよく見えてくるはずです。

「もし下足番を命じられたなら、日本一の下足番になりなさい。そうすれば誰も君を下足番のままにしてはおかない」by 小林一三（阪急東宝グループ創業者／宝塚歌劇団生みの親）

人から必要とされる役割を高いレベルでまっとうすれば、それがどんな仕事でも尊敬されます。そしてその仕事ぶりは神様だけでなく周囲の人も必ず見ているのです。

「駕籠《かご》に乗る人担ぐ人そのまた草鞋《わらじ》を作る人」

人には皆、各々の役割があるという意味のことわざ。その様々な人たちで、社会は成り立っていると説明しています。どんなに目立たない役割でも、それを社会は必要としていることを認識していれば、仕事のやりがいも出てくるというものです。

一流の人のすごい考え方

自分の立ち位置を理解して、人にできないことをする。

黒澤 明がこだわった「9時5時」の習慣

気配りにも完璧主義になることが、いい作品を生む

スピルバーグ、コッポラ、ルーカスらからリスペクトされ、その完璧主義から「クロサワ天皇」という異名まであった日本映画界の巨匠、黒澤 明。映画『赤ひげ』では、医師の赤ひげが箪笥《たんす》を開けるシーンがなくても、抽斗《ひきだし》全部に薬草を入れるなど、映像にリアリティを出すためのこだわりは尋常ではありませんでした。

完璧主義を貫く監督・黒澤 明。でも意外なことに、彼の撮影時間は朝の9時から夕方の5時までと決まっていたのだそうです。

問題

黒澤 明が、撮影時間を9時から5時までと決めていた理由とは何でしょう?

答え

下っ端のスタッフに、撮影の準備と後片付けの時間を十分に与えるため。

朝9時から撮影を開始するための準備は、朝の5時から。そして、後片付けは、たとえ撮影が5時に終わったとしても、夜の11時頃までかかったそうです。**もし、撮影時間が延びれば、下っ端の人たちは寝る時間もなくなってしまう。黒澤 明はそれを知っていたから、撮影時間を延ばさなかったのです。**

実は、黒澤 明の映画の師匠、山本嘉次郎監督がよく黒澤に言っていた言葉が、「徹夜などするものではない」だったそうです。

さらに黒澤組では、1日の仕事のあとに必ず宴会を行なっていましたが、黒澤 明は、スタッフたちに高級な洋酒や牛肉をバンバンふるまったそうです。黒澤 明曰く、

「美味いものをたくさん食べなければ、いい仕事は生まれない！」

黒澤 明は大物役者も下っ端スタッフも分け隔てなく、本当のやさしさを持って接しました。仲間全員への心くばりも、完璧主義を貫いていたのです。

部下の仕事の時間を確保し、休む時間までも考慮する。そして、最高のパフォーマンスを引き出すのが本当のマネジメントです。

「部下の仕事の時間の確保」は、マネジメントの本などに出てきますが、黒澤監督が名作を量産した理由がわかる気がしますね。

「徹夜はするな、睡眠不足はいい仕事の敵だ！」宮崎 駿監督の映画『紅の豚』より

主人公ポルコが自分の愛機を設計することになった少女フィオに言うセリフです。このポルコのセリフって、宮崎監督の心の叫びのような気が…。ちなみに宮崎監督、若き日にアニメ会社の壁に貼り紙で「クリエイティブな仕事をするための条件」として、次の3つを挙げていました。

「若くて、貧しくて、無名であること」

スポンサーなどの顔色を見ないで自由に仕事を進めるためには、この3つが武器になるということでしょうか？　これを書いた当時は宮崎監督も若者でしたが、もし今だったら、「だから頑張れ」と若くて貧乏なクリエイターたちへの応援のメッセージにも聞こえますね。

一流の人のすごい考え方

仲間が最高のパフォーマンスを演じられるように、細かな配慮を忘れない。

【出典】『「ハッタリ」力』小林昌平／大石太郎／小峯隆生著（講談社）

50年も米作りを続けているのに…

謙虚こそが成長の源

映画『おくりびと』の脚本家として知られる、企画会社社長の小山薫堂。これは、彼の著書に出てくる、あるカメラマンの話です。

そのカメラマンが、新潟で50年間もお米を作り続けている農家のところへ取材に行った時のこと。写真を撮り終えて、最後に、何気なく「今年のお米の出来はどうですか?」と聞いたのだそうです。

それに対する農家の返事が実にカッコよかった。きっとこの人は、感じるままに答えたのでしょうが、人生の教訓になるような一言だったのです。

問題

この農家の人、「いやわかりません」と言ったあと、何と言葉を続けたでしょう?

答え

「僕はまだ米を50回しかつくったことがないですから」

まさに「実るほど 頭を垂れる 稲穂かな」です。天狗にならないにも、ほどがあります！　小山薫堂も「その謙虚さとひたむきな姿勢に心を打たれました」と語っています。

1年に1回しか作ることができないお米。そのお米を、毎年毎年、まるで「初めてお米を作った年のように」、ひたむきに、まじめに、丹精込めて作っている姿勢が伝わってきます。

10年やそこらの経験で、仕事の全部がわかったような顔をしてはいけませんね。どんな仕事も奥は深い、いくらでも追求はできます。

「こんな仕事、クリエイティブじゃなくてつまらない」「俺はこんなところでくすぶっている器じゃない」などと偉そうに言う前に、今、取り組んでいる仕事の深堀りをすることを考えてみませんか？　意外な奥の深さに気付き、今まで楽しくもなんともなかった仕事が、がぜん面白くなることもあるはずです。

「まだまだ未熟」と、現状の自分に満足しない謙虚さが、仕事をさらに追求する姿勢につながり、それが成長としてわが身に跳ね返ってくるのだと思います。

「バラエティ番組『SMAP×SMAP』にレディー・ガガが出演した時の第一声。「日本の皆さんにいつも応援してもらっているし、この国の美しさに刺激を受けています。だから、今日は（この番組に）呼んでいただいて光栄に思います」

オンエアの後、大スターのこの謙虚な言葉に共感した人たちから、番組あてに「人柄に感動しました」など、多くの声が寄せられました。

「『百歩譲って…』という言葉がありますが、たかが百歩くらいなら、いくらでも譲ります」by 松浦弥太郎（『暮しの手帖』編集長／エッセイスト）

松浦氏は、謙虚になって百歩でも千歩でも譲る精神が大切だとご存じなのですね。

「人生いろいろ」って言うけれど、僕の場合は「人生そこそこ」を目指してる。そこそこ仕事があって、そこそこ車に乗って、あとは、そこそこムヒヒがあって、そんなところでいいby高田純次

謙虚だなぁ、高田さん。いや、謙虚じゃなくて適当か…!?

「自分が偉いと思っていると、他人は何も言ってくれない。そしたらダメなんだよ。てめぇが一番バカになればいいの」by赤塚不二夫

さすが『天才バカボン』の生みの親！　普段からバカを演じきって「偉いぞオーラ」を出さなかった赤塚先生こそ、謙虚な姿勢を徹底して実践した人です。

一流の人のすごい考え方

天狗になるな。謙虚な姿は美しい。

【出典】『考えないヒント』小山薫堂著（幻冬舎）、『人生の言い訳』高田純次著（廣済堂出版）

乙武洋匡の誰にも負けない武器

強い人ほど、現実を受け止めることができる

病気により、生まれつき手足が無かった乙武洋匡。彼が小学5年生の時、同級生の女の子と「漢字チャンピオン」をめぐってケンカをした時の会話です。

女の子「私はオト（乙武洋匡）になんか、何だって勝てるんだから」

乙武「いや、僕には誰にも負けないものがひとつある」

女の子「何、それ？　勉強だったら、私も負けないわよ」

乙武「ううん、そんなことじゃない」

女の子「じゃあ、何？」

問題

乙武君が、「自分が誰にも負けないもの」として挙げたことは何だったでしょう？

答え

「ボクには、手と足がないこと！」

超ポジティブです!!　後に続く「手足がないからボクなんだ」は名言でしょう。彼は手足がなくても決して落ち込まず、普通の学校に進学しました。そして、勉強だけでなく、スポーツも友達と一緒にアクティブに楽しんで過ごしたのです。**「クヨクヨする」などという言葉は、彼の辞書には存在しなかったのでしょうね。**

やがて、大学生になった彼は、**「〝せっかくもらった障害〟を生かしきれていないのは宝の持ち腐れ」と考えて、障害者たちの助けとなる地域活動に携わっていくのです。**

彼の著書『五体不満足』には、誕生時のエピソードも収録されています。彼が生まれた時、母親がショックを受けないように、医者たちはずっと、母親と彼を引き離していました。ようやく我が子と会うことができた時、母親が思わず口にした言葉…。あなたには、お母さんが何とつぶやいたか分かりますか？

お母さんは彼を見てこうつぶやいたのです。

「かわいい」

お母さんも、息子に負けじとすごくポジティブ！　そんな母親から生まれ、そして育てられたからこそ、彼は常に前向きなのかもしれません。

平均寿命で考えれば、人生はたったの80年程度。限られた時間だからこそ、やりたいことをやって、存分に楽しまないとソン、ソン！

誰だって、すべてが希望通りにはなっていません。たくさんのお金、カッコいいルックス、素敵な恋人、大きなマイホーム、高〜い学歴…、欲しいものは挙げればキリがありません。全部がそろうなんてあり得ないのですから、**ないものねだりをする暇があったら、今あるものを充実させ、できることを1つでも多く満喫した方がいいと思いませんか？**

クリスチャンで作家の三浦綾子さんも、極めてポジティブ。若い頃から多くの病気にかかってきましたが、そのことを悲観するどころか「自分は神様にえこひいきされているのではないか?」と考えて感謝してきたのだそうです。

「自分だけが何でこんなに不幸なの?」ではなく「自分だけ特別扱いされている!」という逆転の発想がスゴイ。考え方を180度変れば「不幸のどん底」は「幸せの絶頂」に早変わりです!

「人気作家・伊坂幸太郎の小説『重力ピエロ』(新潮社)の中で、ガンに侵されている父親のセリフ。「まあ、癌も、俺が憎いわけではあるまい」

現状から目をそらすのではなく、受け入れた上で、「不幸」を上から目線で見下してしまう。それができる人ほど強い人はいないと思います。

一流の人のすごい考え方

どんな運命も、笑って受け入れてみる。

【出典】『五体不満足』乙武洋匡著(講談社)、『「折れない心」をつくるたった1つの習慣』植西 聰著(青春出版社)、『重力ピエロ』伊坂幸太郎著(新潮社)

ドクター・中松が失敗をしない理由

どんな経験も無駄にはならない

ドクター・中松。その突飛な言動は常人には理解不能。でも、彼が携わった数々の発明を見ると、やはり天才。

私はなぜか、生のドクターを3回もお見かけしています。そのうちの1回は、偶然にも、ドクターが書かれた本を読んでいた最中で「今、これ、読んでいるところです」と言って、サインをいただいてしまいました（どうでもいい話で失礼！）。

さて、この天才。「今までに、失敗した発明は何かありますか？」と質問をされると、決まって「自分の発明はすべて成功している」と言い切ってしまうのだそうです。

問題

ドクター・中松が、「自分の発明はすべて成功している」と言う理由は何でしょう？

答え

成功するまで、絶対にギブ・アップしないから

ドクター曰く「現段階で失敗してしまっていても、そこで終わりではなく、それをさらにねばり強く工夫したりして、必ず成功まで持っていく」。

あのエジソンも**「成功するための確実な方法。それは、どんな時も、〝もう1回だけ試してみる〟と思い続けること」**と言っています。

エジソンは白熱電球を発明する時、フィラメントに適した材料を見つけるために、植物繊維や動物の爪など6000種類近くもの物質を実験して調べたそうです。結局、京都の竹が選ばれたのですが、気の遠くなる作業です…。

そう言えば、新発明をするには、**「常識的には絶対に成功しないと言われている方法をあえて実験してみるのがイイ」**と聞いたことがあります。「失敗」を「失敗」

なんて思っていたら、発明家なんて、やっていられないのでしょうね、きっと。

発明に限らず、**仕事は前例のないところにこそ、ビッグチャンスが眠っていると**思います。ニッチ（＝隙間）を狙うのも、皆が反対することにあえて挑戦するのも、他にやっている人がほとんどいないからです。

そんな**仕事は、難易度は高いけれど、成功したときの見返りは大きいし、達成感もひとしお**でしょう。

「画期的な掃除機を発明したダイソンさん。試作品が完成するまでにかかった歳月は何と15年。それまでに作った失敗作の数。5125個。ケンタッキー・フライド・チキンのカーネル・サンダースは、融資先となる企業を求めて売り込みを続けましたが、ほとんどの企業は相手にもしてくれませんでした。カーネルさんが融資を断られた企業の数。1009社。

1回、2回の失敗なんて、まだまだ序の口です！

「失敗したところでやめてしまうから失敗になる。成功するところまで

「続ければ、それは成功になる」by松下幸之助
石油を掘り当てるための唯一の方法…、あきらめずに掘り続けること。

「最後に成功すれば、〝挫折〟は〝過程〟に変わる。だから成功するまであきらめない」by本田圭佑（サッカー日本代表）
往生際の悪さが、時に大成功を生むのです。

「失敗には必ず新たな発見がある。最近は、失敗するのが楽しみになってきた」by田中耕一（ノーベル化学賞受賞者）
これくらいのレベルに達すればノーベル賞もの。あっ、だからもらえたのか…。

一流の人のすごい考え方
「失敗」なんて存在しない。あるのは、「成功」につながる「経験」だけ。

【出典】『バカと天才は紙一重』ドクター・中松著（ベストセラーズ）

幸運の女神が微笑む人の条件

日々努力を続ける人には、確かな実力がある

芝居の舞台や歌舞伎の公演で、主役が倒れた時に、無名の新人が代役に抜擢された記事を読んで、あなたはどう思いますか？「へえ、いきなり主役の代わりなんて、よっぽどすごい新人なんだ」って思うでしょうか？　その考えは半分だけ当たりです。では、もう半分の理由は何か？

その人が代役に選ばれるのには、その人でなければダメな理由がちゃんとあるのです。

問題
代役で新人が大抜擢される時、多くの場合、その最大の条件となる共通の理由とはいったい何でしょう？

答え

その新人だけが、主役のセリフを全部覚えていたから

その新人は、いつかはこんなことがあるのでは?と、いつもいつも主役のセリフまで全部覚えていたのです。いや、主役だけではありません。異性や年齢が離れたキャストの代役は無理でも、**自分が代役をつとめられそうな出演者については、その全員のセリフを、毎回毎回、全部覚え続けてきた。**

いつ誰が、急に出演できなくなっても、「あっ、○○さんのセリフなら全部覚えています!」と、手を挙げられるように準備を怠らなかった…。気が遠くなるような努力です。

幸運の女神は、ちゃんと努力している人を見ている。そして、「あの子、頑張っているみたいだから、そろそろ微笑んであげようかしら…」なんて思ってくれる。

その新人が大抜擢を受けたのは、偶然ではなく必然なのです。

それだけの準備をできる人は、ちゃんと役者としての鍛錬も怠っていないから、それなりの実力を身につけています。だから、**「よっぽどすごい新人なんだ」という見方も、半分当たり**なのですね。

「運を捕まえられるかどうかは、日頃から準備をしているかどうかだ」

by 小柴昌俊（ノーベル物理学賞受賞者）

いつでも受け入れ態勢ができていないと、運は目の前をスっと去ってしまいます。

「6時間で木を切り倒せと言われたら、私は最初の4時間は斧を研ぐ事に使いたい」by リンカーン

「ものごとを効率的に進めるには準備を怠るな」という教訓です。ちなみに、政治家になる前のリンカーンの仕事は木こりでした。

「児玉 清が行きつけの店の色紙に書いた言葉。「人生、何事もアタック・チャンスを活かすことだと思う」

そう言えば私も、『アタック25』に出演した時、アタック・チャンスを活かして優勝することができましたよ。児玉さん！

「人生には2通りの生き方しかない。1つは、奇跡など何も起こらないと思って生きること。もう1つは、あらゆるものが奇跡だと思って生きること」by アインシュタイン

「人生そのものが奇跡」だと気付く人こそ、チャンスをつかめる人です。

一流の人のすごい考え方

「チャンス」は人を選ぶ。

どんな状況でも笑わせる久本雅美

仕事に私情を持ち込まないのが真のプロ

「マチャミ」こと久本雅美さんのお父さんが危篤に陥った時のこと。飛行機で実家に帰る彼女。医者からは「持ってあと数日かも」と宣告を受けてしまいます。そんな状況なのに、彼女には『笑っていいとも!』の生放送が入っていたのです。「今日は来られなくても仕方ないです」と伝えるプロデューサー。でも、久本雅美は「行きます!」と答えます。飛行機に乗って東京に戻り、少し遅れたもののスタジオ・アルタに到着した彼女。その目は涙で真っ赤に腫れている…。

問題

すでに本番が始まっている『笑っていいとも!』。遅れて参加する彼女は、1つだけスタッフにお願いをします。そのお願いとは何だったでしょう?

答え

客席の後ろの扉から登場すること

ステージ正面にある扉から出て行くと、お客に正面から顔を見られてしまいます。真っ赤になった目を気付かれてしまうかもしれない。**自分の状況をお客に知られたくないと考えた彼女は、客席の後ろにある扉からの登場を望んだ**のです。

扉の前に立った彼女は、大きく深呼吸し、涙をぬぐって、「よし！」と気合を入れると自ら扉を開けて、自分の戦場へと出ていきました。

そして、「遅れちゃってごめん、ごめ〜〜〜ん！」と明るい声で叫びながらお客をかき分けて進み、ステージに上がると、すぐさま、自分の股間をポーンと叩くお得意のギャグで爆笑をとったのです。

放送中、彼女の涙に気が付くお客は1人もいませんでした。裏でこの姿を見ていた、事情を知るスタッフは涙が止まらなかったそうです。

彼女のプロ根性…いや、生きざま。学ぶところ大です。放送作家の鈴木おさむも、「あの日、久本さんが股間を叩く姿を僕は忘れない」とコメントしています。

昔は「役者になると、親の死に目にあえない」なんて言いました。親が危篤でも、舞台や撮影に穴は開けられない。地方にだって行かなければならないのが役者や芸人。待っているファンを裏切ることはできないし、たくさんのスタッフに迷惑をかけることもできない…。

身内の不幸とまでいかなくても、**個人的な事情による思いをお客様や友人にぶつけないようにしたいものです。**どんなにツライことがあっても、どんなに機嫌が悪くても相手にはあなたの事情はいっさい関係ないのですから。

「ビートたけしがテレビで言っていた言葉。「芸人てのは、どんな悩みごとがあっても、それを隠してバカなことやらなきゃいけない。お笑いはそこがツライよな」

どんなにバカバカしい罰ゲームでも、「一生懸命やっている姿」に視聴者は笑い、そして時に感動します。同情を求めるのは芸人の仕事ではありません。観客は、そこに笑いを求めているのですから。例え親が危篤でも、笑いを取るのがプロの芸人。舞台でどんなにバカなことをしていても、それは、カッコいい生き方です。

「人はそれぞれ事情をかかえ、平然と生きている」by 伊集院 静

さすが、一流の生き方を提示する作家。人生の本質をつかんだこの言葉、ツライ時こそ思い出したいものです。

一流の人のすごい考え方

いつでも、どこでも、どんな場合でも、役目を果たす。

【出典】『テレビのなみだ』鈴木おさむ著(朝日新聞社版)、『大人の流儀』伊集院静著(講談社)

第2章

この人たちのユーモア

ひすいこたろうがお茶を常備したワケ

ユーモアは、前向きな自己暗示にもつながる

『3秒でハッピーになる名言セラピー』（ディスカヴァー・トゥエンティワン）などの著書で知られる、コピーライターのひすいこたろうのエピソードです。

ある時、馴染みの編集者から、「2週間で本を書いて欲しい」という依頼が入ります。最初は断ったものの、結局、彼はこの無茶苦茶な納期で仕事を受けることに…。

仕事場に毛布を持ち込み、背水の陣で執筆に取りかかります。その仕事中、ひすいさんは、パソコンの横に、常にお茶のペットボトルを置いたのだそうです。実はこれ、ある「おまじない」だったのですが…。

問題

彼がパソコンの横にペットボトルのお茶を常備したのは、なぜだったでしょう？

答え

「お茶があるから〝無茶〟じゃない」というおまじないのため

これを「おやじギャグじゃん」と片づけてしまうのは簡単です…。

でも、「2週間なんてムリ！」と仕事そのものを否定するより、「お茶があるから無茶じゃない…」と**自己暗示をかけて「できるかも」と思ってみる。そして、どんなに眠くても、苦しくても、「無茶じゃない、無茶じゃない」と思って頑張る…。**

これぞ、ポジティブシンキングの極みです。「たかがお茶」が「されどお茶」に変わります。まさに、「ひすいマジック」の真骨頂！

おまじないでも何でもいいのです。例えその正体が、くだらないダジャレであろうとも…。やる気がフツフツとわいてくれれば、結果オーライ！

例えば、野球の試合で相手チームに1点負けている時、私が監督だったらこんな一言でベンチの雰囲気を明るく変えたいものです。「『まだ1点の差があるから負けそう』だって？　何イッテンノサ！」

選手たちがドン引きしたっていいのです。クスっと笑いが起きて肩の力が抜けてくれれば、しめたもの。なでしこジャパンの佐々木則夫監督だって、「〝笑い〟がチームの活力」と言っているじゃありませんか。

映画『しあわせのパン』の1シーンとなる、神戸で銭湯をやっている老夫婦の思い出話より。阪神大震災で火災に遭ってしまい、銭湯は全焼してしまいます。焼け野原に残った湯船を見て、奥さんは一言こうつぶやく。「これがホントの露天風呂やね」

絶望の中でこそ、あえてユーモアを。なかなか秀逸なエピソードです。原作者の三島有紀子は大阪の出身。もしかしたら、この夫婦には実在のモデルがいるかも知れません。

ひすいこたろうはお茶でしたが、私は普段、仕事中にミネラルウォーターのペットボトルを常備します。私の場合は別におまじないではなく、単にノドの渇きを潤すために置いているだけなのですが、置き場所はパソコンの向こう側…。

「向こう水」

って、ダメじゃゃん！

一流の人のすごい考え方

正念場は「ユーモア」で乗り切る。

【出典】『朝にキク言葉』ひすいこたろう著（サンマーク出版）、『しあわせのパン』三島由紀子著（ポプラ社）

絵の値段が高いと言われたピカソの一言

自分の仕事にプライドと自信を持つ

あるご婦人が、街角の道に面したカフェでスケッチをしているピカソを見つけました。こんなチャンスはめったにないと思ったこの婦人、図々しくも「私のスケッチを描いてくださいませんか？　お値段は言い値で結構です」と声をかけます。

意外にも快諾するピカソ。サラサラと3分ほどでスケッチを描きあげます。お礼を述べ、値段を尋ねる婦人。「5000フランです（今の相場で約40万円）」とピカソ。「5000フラン⁉　たった3分で描き上げたスケッチが…‼」と婦人は憤慨します。

問題

「たった3分で描いたスケッチが5000フランだなんて高すぎる」と言われたピカソ。さて、この婦人に何と言い返したでしょう？

答え

「私はここまで来るのに、生涯を費やしているのです」

よく、コピーライターがたった一行のコピーで高い報酬を得ていることに対して、「たった一行でもらいすぎ！」と言う人がいます。でも、その人は、「一行を生み出すまでに費やされた膨大な積み上げ」を忘れています。

ピカソは絵画や彫刻など、生涯に15万点もの作品を生み出し、「最も多くの作品を残した画家」としてギネスブックに載っているほど多作な芸術家。**その膨大な「積み上げ」があってこそ、サラサラと描いた絵にも「価値がある」と自信を持って言える**のです。さすがは巨匠ピカソ。ゆるぎない自信だけでなく、ウイットに富んだ言い回しですね。

ただし、このエピソード、本によってはミケランジェロが主役になっていることもあり、まあ、よくできた都市伝説なのかもしれません。

「正岡子規が36歳で他界するまでのわずか16年間で詠んだ俳句の数。23647句。エジソンの死後、アイデアがぎっしり書かれたノートが発見された。その数。約3500冊。

偉大な業績を残した人物は、その業績を残すまでに気の遠くなるような積み上げを経てきたのですね。

「「オレが噺せば、そこがマジソン・スクエア・ガーデンにもなれば、カーネギー・ホールにもなるんだ」by 立川談志

落語界に特異な足跡を残した天才噺家・立川談志。自分が全身全霊をかけて磨き上げた話芸をもってすれば、場末の寄席でも大劇場になるという自信。カッコいいです。

「「小さい事を積み重ねるのが、とんでもないところへ行くただひとつの

道だと思う」by イチロー

天才と称されるイチローの打撃も、日々の膨大な練習の賜物なのです。

「私が好きなアメリカンジョーク。マンハッタンをパトロール中の警官に、バイオリンケースを抱えた青年が道をたずねた。「カーネギー・ホールへ行くにはどうしたらいいでしょう?」。それを聞いた警官、青年の肩をたたきながらこう答えた。「練習、練習。練習あるのみさ」

単なる勘違いではないですよ! この警官の言葉が、芸術家を志す若者たちへのアドバイスになっているところが、なかなか気が効いていますね。

一流の人のすごい考え方

圧倒的な積み上げは、圧倒的な自信になる。

【出典】『大人の表現力』中島孝志著(主婦の友社)

100歳の若者

年齢には、実年齢と「ココロの年齢」の2つが存在する

2011年11月。惜しまれつつ亡くなった浪曲界の重鎮・木村若友。100歳の大往生でしたが、楽屋で倒れたその時まで現役。「百歳を祝う会」の出演目前の不幸でした。次は「浪曲界の最年長現役」の座に君臨した大御所のエピソードからの出題。

ある日のこと。長女の政子さん（長女といっても既に70歳をとっくに過ぎていらっしゃる）が、いつもゴロゴロしている若友さんに、「たまには近くのデイサービス（介護施設の一種）へ行けば？」と言ったのだそうです。

問題

長女から、老人たちが集まる「デイサービス」へ行けば、と勧められた木村若友。「行きたくない」と言うのですが、その理由とはいったい何だったでしょう？

答え

「あそこは年寄りばっかりだからイヤだ」

あははは！　ご存命なら「あんたが一番年寄りでしょうが！」とツッコミを入れたくなります。実年齢がいくつになっても、「ココロの年齢」はとても若かったのですね。

「ココロの年齢」の若さ。これは、高齢ながらも「現役」を続ける人たちに共通の要素のようです。

「TPOをわきまえる」だとか「空気を読む」だとか、一時期からそんな言葉が盛んに言われるようになりました。確かに場の雰囲気を壊さない心遣いは大切ですが、そればかり気にするのも窮屈です。

年寄りだからって、わざと年寄りらしくしたり、年寄りが集う場所に行く必要なんてないと思うのです。やりたいことをどんどんやって、「まだまだ若いモンには負けんわい！」くらいの意気込みを持っていた方が、アンチエイジングにもつながるはずです。

「長寿世界一として有名だった泉 重千代さんに、あるレポーターが「長寿の秘訣」を聞いた時の回答。「やっぱり、酒と女かの～」。重千代さんは「長寿十訓」も残しています。その最初の言葉は「万事くよくよしないほうがよい」。

ですよね、重千代さん。ちなみに私は重千代さんと誕生日が一緒です。

「日本初の女性報道写真家・笹本恒子。97歳の現在（2012年）も現役でファインダーをのぞき続けています。彼女の提唱する「人生を楽しむ3つの秘訣」とは、「決して年齢を言い訳にしない」「絶対に自分をあきらめない」「常に好奇心を忘れない」

年齢を言い訳にする人、自分をあきらめてしまっている人、97歳に学ぶべし！

「ご長寿姉妹として大人気だった、きんさんぎんさん。インタビューで

「もしボーイフレンドにするなら、どんな男性がいいですか？」と聞かれた時の回答。「年上の人がいい！」

100歳を超えたからって、理想のタイプを変える必要なんてありません。とは言え、お2人の場合、もうジョークか本気かわかりませんです。

「キョンキョンこと小泉今日子が、「どうしていつまでもそんなに若いんですか？」と聞かれた時の回答。「例えば老眼で細かい字が見えにくくなっても、『老化』じゃなくて『進化』って考える。『老眼、キターーッ！』ってポジティブに考えるようにしてるんです」

自分の老化までも楽しんでしまう姿勢が、永遠のアイドルたるゆえんです。

一流の人のすごい考え方

心が老いた時、人は本当に老いる。「ココロの年齢」は自己申告制。

夏目漱石の「断り力」

相手の印象を悪くしない粋な断り方とは？

小説『吾輩は猫である』『坊ちゃん』で知られる文豪・夏目漱石。実は彼、名誉とか権威とか、そういうものが嫌いだったそうです。

例えば、東京帝国大学の教授の職を蹴って、朝日新聞社に入ったり、文学博士号のオファーがあってもそれを断ったりしているのです。

そんな漱石さんに、ある日、時の総理大臣、西園寺公望から文士が集まる宴への招待状が届きます。

問題

文士たちが集まるウットウシイ集まりに出席したくない夏目漱石。総理からの招待に対して、一体どんな手を使って出席を断ったでしょう？

答え

返事として「断りの俳句」を送った

その時、漱石が送ったのはこんな句です。

「時鳥《ほととぎす》 厠《かわや》 半ばに 出かねたり」

「ホトトギスが美しい声で鳴いているのが、外から聴こえる。見に行きたいのはヤマヤマなんだけど、今、トイレでウン○をしている最中で、残念だけど見に行けないや…」という感じでしょうか。

首相を時鳥に例えているところがウマイ！「トイレの最中だからご勘弁」と俳句で返されたら、二の句がつげません。さらに言うと**「厠にいる時に時鳥の声を聞くと不吉である」という古い迷信があって、「そういう集まりを、私は忌み嫌っているのです」という含みもある。**

これで、もう一度誘ったら野暮ですよね。**昔の人のやり取りには教養がありました。**

仮病を使うといった古典的な方法もあるでしょうが、それだといかにもウソっぽい。それにぜんぜんオシャレじゃない。

身内が亡くなって葬儀に参列しないといけなくなったという古典的方法もつまらない。何度も使ううちに、「君には親が何人いるんだ?」なんて言われたら落語の世界です。1か月後の誘いに対して「その日はお通夜の予定が入っていまして…」はちょっとオシャレかな…。

少し話が脱線しました。たとえ行きたくないという気持ちが見え見えでも、漱石さんの断り方はユーモアが効いていて清々しい。だから、後味の悪さが残らない気がします。

ものごとを断る時は、あまりゴチャゴチャと言い訳すると、聞いていてイライラしてきて「もう分かったから、いいよ!」となってしまいます。だからと言って、ケンモホロロでも心象を悪くします。

誘いに感謝し、相手を思いやると同時に、おかしな期待を持たせないように簡潔にハッキリと断るのが礼儀であり、後味の悪さも軽減されると思います。

スズキの鈴木　修社長が、ある部品メーカーを訪問した時のエピソード。部品の値下げ交渉の最中に、鈴木さん、その会社の敷地にある噴水を指差してこう言った。「この噴水の分だけ安くなりませんか？」。それ以来、その会社では鈴木さんがやってくる時は、噴水を止めて出迎えるようになったのだとか。
「とにかく安くしろ」とか「何円安く」と細かく要求するような言い方より、ユーモアを感じさせる言葉です。こんなツワモノとの交渉では、断る方も相当苦労したことでしょうね、きっと…。

一流の人のすごい考え方

「断り」はスマートかつハッキリと。

おヒョイさんらしい粋な逃げ方

時には、〝逃げる〟という選択肢も使ってみたい

おヒョイさんこと藤村俊二のエピソードです。57歳の時、生まれて初めて受けた人間ドックで初期の胃ガンが見つかります。でも、「胃ガンで入院なんて、自分のキャラに合わない」と、周りには「ちょっと海外ロケへ行ってくる」とうそぶいて、誰にも知られずに入院し治してしまったそうです。

さて、手術も無事に終わったある日、愛煙家であるおヒョイさんは主治医から「今後、喫煙はやめるように」と厳命されてしまいます。

問題

主治医から大好きなタバコをやめるように言われた後に、おヒョイさんが取った、いかにも彼らしい、ゆるゆるの行動とは何だったでしょう？

答え

タバコをやめて葉巻を吸い始めた

退院後の検診での会話。（注：勝手な想像です）
医者「その後、体調はいかがですか？」
おヒョイ「ええ、まあ、おかげさまで順調です」
医者「そう言えばタバコはやめましたか？」
おヒョイ「はい、きっぱりとやめました」
医者「本当にタバコは吸っていませんよね。ちょっとタバコくさい気がしますけど」
おヒョイ「はい。本当にタバコは吸っていません。タバコをやめて葉巻を吸っています」
医者「ギャフン！（死語）」

さすがおヒョイさん！　禁煙の苦しみからもヒョイと逃げちゃった…。**自分の欲**

求を満たし、医者にもウソをつく必要がない選択をするところがニクイ！　このユーモアのセンスに、医者も笑って（あきれて？）許してくれたとか。**彼は、「『規則を真面目に守りすぎない』が長生きのコツですね」とも、著書で語っています。**

ちなみに彼が「おヒョイさん」と呼ばれるようになったのは、いつも飄々《ひょうひょう》としていて、嫌なことがあるとヒョイヒョイと逃げちゃうことが由来だとか。周囲から「アイツはまったくおヒョイなんだから…」なんて言われているうちに、こう呼ばれるようになったらしいです。

実はおヒョイさんは、私があこがれる「ベスト・オブ・ジジイ」！　上品で、面白くて、軽くて、洒落がわかる。ああいうジジイにワタシはなりたい…。

「マスターズ陸上競技大会で、100歳の時にやり投げと円盤投げで世界記録を作ったあるご長寿アスリートが、「練習を続ける秘訣」を聞かれた時の言葉。「続ける秘訣は、ちょっとごまかすこと。腕立てふせとか、しんどくなったら数をごまかす。ちゃんとやって嫌になるより、ごまかしても続けた方がいい」

この論法、ダイエットにも使えそうです。極端に食べないとリバウンドにつながります。無理のないプログラムで続け、どうしても我慢できない時はちょっと食べちゃう。イスラム教のラマダン（断食月）だって夜にはめっちゃ食べるんですから！

荒川 弘の人気漫画『銀の匙』より。進学校で知られる中学の出身なのに、受験競争から逃げて、農業高校にやってきた主人公に校長先生が言うセリフ。「逃げ道のない経済動物と君は違うんですから、生きるための逃げはアリです。逃げたことを卑下しないでそれをプラスに変えてこそ、逃げた甲斐があるというものです」

「逃げること＝悪いこと」ではありません。前向きな逃げは、大いにアリです。

一流の人のすごい考え方

辛い時は、嫌になる前に適当にごまかそう。

【出典】『オヒョイのジジ通信』藤村俊二著（ホーム社）、『読む！深イイ話』（日本テレビ放送網）、『銀の匙 Silver Spoon』荒川 弘著（小学館）

平野レミの肩書きは「料理研究家」ではない

なりたい自分を名乗ってしまう

「自分がなりたい人」に簡単になる方法をご存じですか？　それは「名乗ってしまうこと」です。例えば、あなたがオナラについて詳しくて、「オナラ評論家」になりたければ、名刺に「オナラ評論家　尻間プー太郎」と書いてしまえばいい。その瞬間から、あなたはりっぱな「オナラ評論家」。堂々とその名刺を人に渡せばいいのです。

問題

美味しい料理だけでなく、自ら料理の道具も考案してしまう元気なマダム・平野レミ。さて、彼女が自ら名乗る、その肩書きが何だったでしょう？（※ヒント：小林カツ代さんをはじめ多くの方が使っている肩書きは「料理研究家」。中にはストレートに「料理家」と名乗る人もいますが、平野レミさんはどちらでもありません）

答え

料理愛好家

あの方、料理を研究するのではなく「愛好」していたのですね。いつ見ても、とっても楽しそうなわけです。**この「料理愛好家」という肩書き、彼女の「料理を楽しんじゃおう」という姿勢が出ていて、なかなかグー**です。

かつて、孔子はこんなことを言いました。

「これを知る者はこれを好む者に如かず、これを好む者はこれを楽しむ者に如かず」（ただ知っているだけの人は、それが好きな人にはかなわない。好きな人も、それを楽しんでいる人にはかなわない）

「好きこそモノの上手なれ」ということでしょう。「愛好家」って素晴らしい…。**楽しんでいる人が一番強いということですね。**

たかが肩書き。されど肩書き。あなたも、自分だけの肩書を考えてみてはいかがですか。**名乗るだけで、肩書き通りの人物になれるなんて、簡単だし素敵**じゃありませんか！　それに、**ずっと名乗り続けることで、そういった仕事が舞い込んでくるチャンスだって増える**のですよ。

例えば、物書きになりたいという人に、編集者や作家はこうアドバイスします。「ライターでもジャーナリストでもいいから、そういう肩書きの名刺を作って配りなさい」。これだけで、あなたが何をしたいのかを周囲に知らせることができます。

心理カウンセラーでありエッセイストでもある、ひすいこたろうさんが、自ら考え、名乗っている肩書き。それはなんと「天才コピーライター」。自分から「天才コピーライター」と名乗る人はなかなかいないでしょう。「名乗ればなれる」はひすいさんも著書の中で語っている論法で、まさに有言実行。この肩書きのとおり、今では売れっ子のライターとして成功をおさめています。余談ですが、私は偶然、彼を友人の結婚披露宴でお見かけしたことがあります。その時、式場から渡された座席表に書かれていた肩書きも「天才コピーライター」でした！

淀川長治さんが名乗っていた肩書きは「映画解説者」。

決して、「映画評論家」なんて上から目線の肩書きは名乗りませんでした。偉そうに、映画を「評論する」なんてことはしない。一貫した美学をもって映画を鑑賞し、その映画の楽しみ方や裏話を「お伝えする」という立ち位置を崩さなかったところが、謙虚な淀川さんらしいと思います。

一流の人のすごい考え方

名乗ればなれる。楽しんで名乗ろう。

お釈迦様が最期の説教前に弟子に言った一言

人の真価は、弱い立場の人たちへの態度でわかる

お釈迦様の最期の姿は「涅槃図《ねはんず》」として、掛け軸などによくその場面が描かれています。横たわるお釈迦様の周りに、弟子や動物たちが集まっている絵ですね。

さて、どうやらこれが最期の説教になるというその時、その教えを聞こうと、弟子たちをはじめ多くの人たち（や動物?）が集まってきました。

お釈迦様が話をはじめようとすると、その言葉を聞き逃すまいと、お釈迦様の周りをぐるりと取り囲む側近の弟子たち…。

問題

最期の教えを聞くために、自分のすぐ近くまで寄ってきて周りを囲んだ弟子たちに、お釈迦様は最初に何と言ったでしょう?

答え

「もう少し離れなさい。後ろの者たちが私の話を聞く邪魔になるから」

お釈迦様はこう言ったのです。「お前たちが私を取り囲んでしまったら、後ろにいる者たちが私の教えを聞くことができない。彼らも私の話を聞きたいだろうし、私も彼らに話したい」

そして、こう続けました。

「おまえたちは、もっと自分をつつしむ事を学びなさい」

こうして、お釈迦様は、集まってきた他の者たちへの配慮を忘れた弟子たちを戒めた後、説教を始めたのだそうです。

一流の人の身近にいるというだけで、自分が偉くなったと勘違いする人や、自分の役職や学歴だけで周りに尊大な態度を取る人は、とても醜い。いざ、それらを失

った時に突然、孤独な自分を思い知ることになります。

えっ、「偉そうなことを言うお前はどうなんだ」ですって？　私はお釈迦様を遠巻きに見ている一般ピープル（表現、古！）側の人間で、弟子たちがその周りを囲んでしまったら、「うお〜い、どけどけ！　おシャカさんが見えねぇぞー！」って心の中で叫ぶ小心者です…はい。

ちなみにお釈迦様の死因は食中毒。どうもキノコか何かを食べてあたったらしいのですが、手塚治虫の『ブッダ』では、このシーンでお釈迦様がヒョウタンツギを食べていて、笑ったなぁ…。

吉田茂の懐刀《ふところがたな》で、GHQから「従順ならざる唯一の日本人」と呼ばれた白洲次郎。晩年、軽井沢ゴルフ倶楽部の運営に携わった彼は、他人にゴルフシューズのヒモを結ばせていた政治家を「てめえには腕がねえのか！」と一喝。その一方で、キャディなどにはいつも丁寧に「ありがとう」と感謝の言葉を述べていた。

権力を嫌ってた彼は、偉そうな相手には厳しく、自分よりも下の立場の人間には礼を尽くしていたのですね。

「仕事ができる人ほどいわゆるキャリアっぽいイメージがない。相手にスキを見せないように鎧をつけている感じもない。できない人ほど、できると思われるような体裁をつくっているような気がする」by髙島郁夫

髙島郁夫は、全国に100店以上のインテリアショップ・フランフランを展開する企業・バルスの創業者。フランフランには、堅苦しい格式高さや、24時間戦っている感がありません。著書で「流行に左右される業界で20年も親しまれてきた秘訣は、よく遊ぶこと。仕事は快楽であり、私が一番遊んでいます」という彼は、フランクな人間の方が、ヘタに偉そうな人間よりも頼もしく、パートナーシップを組みたくなるということを、知っているのでしょうね。

一流の人のすごい考え方

「自分は偉くなった」はいつでも、ただの勘違い。

【出典】『遊ばない社員はいらない』髙島郁夫著（ダイヤモンド社）

第3章
この人たちのピンチ脱出法

70歳のおばあちゃんの奇跡

年齢のせいにして、諦めてしまうなんてもったいない

ある商社マンが3ヶ月後の海外赴任の辞令を受け、奥さんと幼い子供たちは海外へ連れていくことにしました。でも、70歳のおばあちゃんだけは、英語しか通じない慣れない土地での生活はムリだろうと、日本に残ってもらうことにしたのです。それを聞いたおばあちゃんは大ショック。なぜなら可愛い孫に会えなくなってしまうから。そこでこのおばあちゃん。ある行動に出ます…。

問題

70歳のおばあちゃんが、孫と別れたくない一心でとった行動とは何だったでしょうか？
（※ヒント：その行動によって、おばあちゃんは、3か月後にも孫と別れずに済みました。「孫を誘拐して田舎へ逃げた」は違いますよ！）

答え

英会話教室に通って、3か月で英語の日常会話をマスターしてしまった

おばあちゃん、ものすごい集中力です！

『もしドラ』（＝「もしドラえもんが八頭身だったら」の略…ウソ）で若者の間でもすっかり有名になったピーター・ドラッカーは、**「集中とは、『真に意味のあることとは何か』『最も重要なことは何か』という観点から、時間と仕事について自ら意思決定をする勇気のことである」**と語っています。

このおばあちゃん、「何のために学ぶのか」が明確だと、「集中力が違う」ということを証明してくれました。

そもそも、英語を学ぼうという選択をすることがスゴイ。英会話教室の講師たちも「70歳の奇跡」と讃えたそうです。

この70歳のおばあちゃんは、「もしかしたら2度と孫に会えなくなる」というピンチを迎えた時に、**まず諦めなかった点がすばらしい。**そして、**もっとすばらしいのが、「自分が英語をしゃべれるようになる」という難易度の高い目標に挑戦し、見事に達成したこと**です。

「時間がないから」「お金がないから」「もう年だから」など、できない言い訳を考えるのは一番簡単。でも、言い訳ばかりしていても何も始まりません。未来は自分が諦めたらそれで終わり。映画『ターミネーター2』にも「未来は変えられる」というセリフがあったではありませんか！

「日本の偉大な漢文学者、白川 静が、名著『字統』『字釧』『字通』の編集をスタートさせたのは70歳を過ぎてから。最初の『字統』を刊行したのが74歳の時。第2弾の『字訓』は77歳。そして、最後にして最大の『字通』を世に出した時の年齢は、なんと86歳。」

「ソニー創業者である盛田昭夫が60歳を超えてから始めた3つのスポー

ツ。テニス、スキューバダイビング、そして、スカイダイビング。

カリスマ企業家は往々にして年を重ねてからとんでもないスポーツに挑戦します。チャレンジして克服することが大好きなのでしょうね。

「ハワイで孫たちと一緒に食堂を営む104歳のおばあちゃんの言葉。「今こそ、勉強がしたい。この歳になっても知らないことばっかりです。わたしはいろんなことをもっともっと知りたい」

104歳にして勉強がしたいとは！　私は14歳の時にはもう勉強が嫌いだったのに……。

一流の人のすごい考え方

「学ぶこと」に定年はなし。

【出典】『運のつぼ77』小林玖仁男著（ワニブックス）、『白川静　漢字の世界観』松岡正剛著（平凡社）、『104歳になって、わかったこと。』手島静子著（イースト・プレス）

マギー司郎のおしゃべりマジック

短所を長所に変える発想

16歳で茨城から上京（家出）したマギー司郎さん。ストリップ劇場に転がり込んで幕間にマジックを披露し始めます。でも、お客さんの目的はストリップです。マジックなんてまるで見る気なし。いくら頑張ってやっても、ぜんぜんウケない…。

そんなある日、転機が訪れます。その日の舞台も、お客の反応はすこぶる悪かった。そのためテンパってしまったマギーさん、つい本音を漏らしてしまいます。

問題

ウケの悪さに舞台でテンパったマギーさんが、つい漏らしてしまったホンネの言葉とは何だったでしょう？（※ヒント：「ごめんねー」で始まります。そして、この一言が、彼の「おしゃべりマジック」誕生のきっかけになるのです）

答え

「ごめんねー。実は僕、手品が下手なんですよ～」

言っちゃいましたねぇ、マギーさん！　寅さん風に言えば「それを言っちゃあオシマイよ」です。でも、**マギーさんにとってこの一言は「おしまい」ではなく「始まり」でした。**

このつぶやきを聞いたお客が、ふっと笑ってくれたのを見たマギー司郎さん。ここで、「おしゃべりマジック」のヒントをつかみます。**「手先が不器用」という、マジシャンにとって致命傷とも言えるコンプレックスが「強み」に変わった瞬間**です。日本一愛されるマジシャンは、こうしてストリップ劇場から生まれたのです。

「おしゃべりマジック」とは、例えば次のような感じです。テレビなどであなたもご覧になったことがあるでしょう。

マギー「このハンカチがお客さんの好きな色に変わったらすごいと思わない？　じ

ゃあ、そこのお客さん、好きな色、言ってみて」

客「ピンク！」

マギー「えっ、ピンク⁉ ピンクはねぇ、今日はちょっとお休みなのよ」

「コカ・コーラが一瞬にしてペプシコーラに変わるマジック」も捨て難いです。台の上に置かれたコカ・コーラ。スカーフで一度隠してからまた見せて、「今、コカ・コーラがペプシコーラに変わったんだけど、わかった？」

これぞ究極。**マジックを「笑い」でコーディネイトして独自のエンターテインメントにまで進化させた功績は計り知れない**のではないでしょうか。

マギーさんが「おしゃべりマジック」で世に出ると、「あんなのマジックじゃない！」と先輩のマジシャンの多くは酷評。でも、マギーさんは「お客さんが喜んでくれているから」と、どこ吹く風と受け流し。やがて、彼を批判した先輩マジシャンたちはどこかへ消え、結局、マギーさんだけが生き残ったのでした。

いくら努力をしても、なかなか克服できないことは、誰にでもあります。そこで

落ち込むのではなく逆手に取って自虐ネタのギャグにしてしまう。そうすると、意外と周りの目は温かかったりするものです。

「天童よしみがコンサートでつかみに使う言葉。「か細い体で一生懸命歌います！」

ポッチャリした彼女が「私にツッコミを入れて！」と言わんばかりの名ゼリフです。「短所」という言葉をやめて、今日から「チャームポイント」と言うことにしませんか？　これだけで、「悩みの種」が、「持ち味」に変わりますよ！

一流の人のすごい考え方

欠点がある人は、完全無欠な人よりも慕われる。そして、「自分の欠点」だと思っていることが実は「あなたの強み」。

【出典】『生きてるだけでだいたいOK』マギー司郎著（講談社）

米長邦雄が名人になるためにやったこと

これまで培ったモノがブレーキをかけることもある

羽生善治をはじめ、将棋界はあまたの強豪が競い合う過酷な世界。そんな厳しい世界に生きる棋士たちが、最も特別視しているタイトルはもちろん「名人位」。その名人位に6回挑み、6回負けた棋士がいます。その名は米長邦雄。彼の前に立ちふさがった、当時の名人は中原 誠。米長邦雄は、普段の勝負は互角なのに、名人戦になるとどうしても中原 誠に勝てなかったのです。

問題

どうしても名人位が欲しかった米長邦雄が、40代の半ばを過ぎた頃に一大決心をしてやったことは何だったでしょう？（ヒント：「中原名人の弱点を徹底的に研究した」ですって？ 違います。相手ではなく、自分をどう鍛えたかです）

答え

今まで培ってきたものをすべて捨てて、一から自分の将棋を作り直した

驚きの決断です。**ちなみに彼は、この決断によって、後に念願の名人位に就くことができたのです。**

40代半ばと言えば、棋士としてはもうベテラン。そんな年齢で大変革に挑戦したのです。**米長邦雄は、すべてを捨てて、恥も外聞もなく、若手の棋士にまで教えを乞うて、最先端の将棋を一から学びました。**そして、50歳を目前にして、周りから「年齢的にも名人をとる最後のチャンス」と言われた中原戦に勝ち、念願の名人位を獲得したのです。

米長さんがそれまで培ってきたものを捨てた背景には、将棋の世界の大きな変化

がありました。変化のきっかけはネットワークの普及。ネットで検索すれば、誰でも膨大な棋譜（将棋の対局記録）を瞬時に見ることができ、昔の棋士が何10年もかけて学んだことを、若い棋士があっという間に学べるようになってしまったのです。

新手の研究も急速に進み、米長さんのようなベテランの棋士たちも、日々、勉強しないと、若手の台頭で、名人への挑戦権を争う「A級」と呼ばれる10人の棋士に残ることができなくなってしまいました（年間成績が下位の2人は、B級の上位2人と入れ替わらなければならない）。

40代後半といえば普通なら、今まで培ってきたものを集大成する時期です。にもかかわらず米長さんは**環境の変化に対応し、生き残るために豊富なキャリアを一度ゼロベースにしてリセットした**のです。培ってきたスキルが、新たなことを学ぶ妨げになりがちな年齢にも関わらず、壁を乗り越えるために行った英断。例えるなら、高層ビルをダイナマイトで壊して、そこにまた高層ビルを建てるようなイメージでしょうか⁉　羽生善治は米長邦雄をリスペクトしていますが、その気持ち、わかります。

若い棋士にまで教えを乞うなど、**年長者にありがちなプライドを捨てた潔さも注**

目に値しますね。

「新しい発想を得るためには、過去の自分を捨てる」by コシノヒロコ（デザイナー）

「紅虎餃子房」をはじめ、和食、イタリアンなど、ジャンルにこだわらない人気店を次々と展開する、際コーポレーション社の中島 武社長は、「新しい店舗を次々と成功させる秘訣」について聞かれて、こう回答した。「自己否定をきっちりとして、ゼロにして考える」

お2人とも、過去の経験が、時には新しいものを取り入れる妨げになりかねないという危険を感じておられるのですね。

一流の人のすごい考え方

新しいモノを入れるには、古いモノを捨てなければならない。

【出典】『決断力』羽生善治著（角川書店）

田崎真也がスープに髪の毛を見つけたら

楽しい雰囲気をぶち壊さないための振る舞い

ホテルやレストランで、見つけると不快になるもの。それは「髪の毛」。バスルームで、他人の髪の毛を見つけた時の不快感といったら…。

さて、世界的ソムリエ・田崎真也の著書にある、髪の毛に関する話からの出題。彼女との初めてのデート。ちょっと無理して高級フレンチのお店に予約を入れたあなた。デート当日、いい雰囲気で進む食事。と、その時。「あっ…」と、小さな声をあげる彼女。見ると、あろうことか彼女のスープ皿に1本の髪の毛が…。

問題

レストランで、彼女のお皿に髪の毛が発見されました。さて、ホスト役であるあなたが、最初にするべきことは何でしょう?

答え

お店の代わりに、まず、あなたが彼女に謝る

もちろん、あなたには何の落ち度もありません。それでも、まずはあなたが彼女に謝るのです。

田崎真也は言います。「僕だったら、まず自分がゲストに『すみません』と謝ります。そして店のスタッフを呼び、料理の皿を取り替えてほしいと、静かに伝えます。**そこでスタッフを怒鳴ったりしたら、楽しい雰囲気は完全に壊れてしまい、もう元には戻らないでしょう。そのほうが、よほどゲストに失礼な態度です**」。

初めてのデートだと、つい、女性に「いいカッコ」を見せようとして、普段、温厚な人まで、声を荒げて店にクレームを言ってしまいがち。でも、それって逆効果。**自分は「すぐに腹を立てる器の小さな男」だと言っているようなもの**です。

嫌われる男性の行動ランキングで、「店員に偉そうな態度をとる」って必ず入っ

ていますよね…。「店員に怒る＝男らしい」というのは、勘違いだと心得ましょう。

田崎真也によれば、オープンテラスで食事をしている時、飛んできたハエが飲み物に入ったりしても、ヨーロッパの人たちはナイフの先でチョイと取り除いて何事もなかったかのように飲み続けるらしいです。その理由は次の3つ。

・オープンテラスで食事をすれば、虫が飛んできて当たり前だと思っているから
・1杯分を捨ててしまうのは、もったいないと考えるから
・店にクレームを付けて「楽しい気分を台無し」にしたくないから

「汚いだろ！」という話はとりあえず抜きにして、大人たるもの、このようにスマートに振る舞いたいものですね。

そもそも**人間関係をスムーズに進めるには、まず、自分が責任を取るのが一番**。「お皿の髪の毛を見落とすようなお店に連れてきてごめん」と、最初に自分が責任を取る。その上で、お店に対しても冷静に言うべきことを伝えればいいのです。

イタリア出身のタレントのパンツェッタ・ジローラモは、「イタリア人は仕事中

もニコニコしている。だって、楽しい雰囲気の方がいいから。でも、それを日本でやったら真面目に仕事していないと思われて、上司から怒られた…」ということを、著書で告白していました。「怒り」は「笑顔」とは正反対。人間関係の潤滑油なのにねぇ。

「短気は損気」ということわざもあります。一時の感情で怒っても何一つ得することはありません。怒りで壊れた雰囲気も人間関係も、修復するのはとてもたいへんです。

怒りたいことが発生したら、「器が大きい自分を周りに見せるチャンス」くらいに考えるようにしましょう。

一流の人のすごい考え方

「怒り」で壊れた雰囲気は、もう元には戻らない。

【出典】『ブレない男の人生の作法（マナー）』田崎真也著（青春出版社）、『イタリア人式楽観思考法』パンツェッタ・ジローラモ著（アスコム）

零細企業が超大手に勝った逆転の一言

不戦敗を打開するには、ハッタリも十分アリ

企業がロゴマークを改めたりするCIは、広告代理店にとってはとてもオイシイ仕事です。ある企業がこのCIに取り組むという情報をつかんだ編集企画会社、さっそく小さな広告代理店と組んで営業へ出かけました。ところが、いざ行ってみるとすでに超大手広告代理店がプレゼンが来ているとのこと。諦めて帰ろうとしたその時、競合大手が提出した新ロゴマークのデザインを手に取って見ていた零細広告代理店のデザイナーがボソッと一言つぶやいた。それを聞いた企業の担当役員の表情は一変し、がぜんデザイナーの話を聞き始め、結局、大逆転で受注することに…。

問題

デザイナーがつぶやいた、逆転のきっかけとなった一言とは何だったでしょう?

答え

「○○社（超大手広告代理店の社名）のデザイン部門も、最近はあか抜けてきましたね」

まさかの「上から目線」！　このつぶやきを聞いた担当役員は、「ほう、そうですか」と食いついてきた。すかさずデザイナーは、「例えばこの部分ですが…」と解説を始めます。

担当役員だって馬鹿ではありません。デザイナーの一言がハッタリだと気が付いたはずです。その上で「お手並み拝見」と思ってデザイナーの意見を聞き、「合格点」を出したのでしょう。企画案の総予算は超大手の方が高いはずですから、両社を天秤にかけた上で、零細代理店の提案に決定したというのが真相だと思います。だとしても、**デザイナーがハッタリをかまさなければ、ライバルが超大手だとわかった時点でこの話は終わっていた**のです。

安さだけなら、零細代理店の方に軍配が上がるかもしれません。しかし今は、安いだけでは仕事が取れない時代。ましてや、CIへの取り組みともなれば、予算はそれなりに組んであるはずで、当然、クオリティも求められるでしょう。

ですから、**小さな代理店というだけで、門前払いになる可能性も十分あります。それを打開するための有効な方法の1つがハッタリではないでしょうか。**もちろん、よい提案を準備しておくのは大前提ですが、**話を聞いてもらえないことには、その提案も日の目を見ないままで終わってしまいます。**弱い者が強い者に勝つ。これはもう一つの美学ですね。

そう言えば、かの白洲次郎がアメリカに対してハッタリが効いたのは、イギリス仕込みの本物の英語をしゃべることができたからだとか。アメリカ人にコンプレックスを感じさせる効果がある英語だったそうです。

今世紀屈指のハッタリ男(!?)、スティーブ・ジョブズ。彼がペプシコーラからジョン・スカリーを引き抜いた時の口説き文句は、「一生、砂糖水を売るつもりかい。ウチに来て世界を変えてみないか?」。

エンジニアのボブ・ベルヴィールを口説いた一言は、「優秀だと聞いていたが、ガラクタばかりつくっていたな。ウチで働かないか?」」。

そして、ビル・ゲイツと組もうとした時のセリフは、「ビル、2人(のシェア)を合わせるとデスクトップの100%を押さえていることになる」でした。

ちなみに、その時の2人のデスクトップのシェア比率は、ビル・ゲイツ97%、ジョブズ3%…。ビル・ゲイツは、ジョブズのビッグマウスにあきれながらも手を組むことを承諾したそうです。**大物の心をとらえるには、普通のことを言っても響かない。これこそ「ハッタリ力」の勝利**です。

「お呼びでない…、こりゃまた失礼しました!」とシッポをまく前に、ジョブズになったつもりで、ハッタリをかましてみましょう!

一流の人のすごい考え方

起死回生は「ハッタリ力」で。

【出典】『ヤクザ式ビジネスの「かけひき」で絶対に負けない技術』向谷匡史著(情報センター出版局)、『スティーブ・ジョブズ名語録』桑原晃弥著(PHP)

音に神経質な近隣との付き合いの作法

クレームの芽をつみ取っておくコツ

ある経営コンサルタントの経験談です。オフィスとして使う手頃な物件を探していた彼。場所といい価格といい、ちょうど良い物件を見つけて申し込んだのだそうです。するとある日、不動産会社から連絡が。「下の階に入っているエステサロンが、音の問題にとても神経質…」。子供が騒ぐ音や宴会の音というレベルではなく、ちょっとした音にも過剰に反応するらしい。いくら普通のオフィスとは言え、音は出てしまいます。かといって、この物件はやはり捨てがたい…。

問題

下の階に入っている音に神経質なエステサロンからクレームをもらわないようにするために、この経営コンサルタントがとった行動とは何だったでしょう?

答え

そのエステサロンの常連客になった

このコンサルタント、入居が決まったら即、エステサロンを訪ね、そのまま常連客になってしまったのです。彼の名は阪本啓一。著書の中で「失敗することを前提に、失敗の許容度を広げるために人間関係を結ぶ」と書いています。

この手、あらゆる人間関係に使えます。ちょっと厳しい上司や、うるさいお客さんとは、「友達になってしまう」。同じ失敗をしているのに、**なぜか「あまり上司から怒られない」「お客が簡単に許してくれる」人っていますよね。実は、そういう人は普段から、周りの人とちょっとした人間関係を築いている**のです。

アパートなどの共同住宅に入居する時の心がけとして、「お隣さんだけでなく、下の階の人に挨拶に行きましょう」という内容を見たことがあります。この気遣い、特に、小さい男の子がいる家庭では必須ではないでしょうか。

その子を連れて下の階の方へ挨拶に行って、「この子が時々バタバタさせてしまうかもしれませんが…」とか言ってお菓子の1つでも渡しておく。すると、本当なら「バタバタうるさい！」と怒鳴り込んでくるところが、「あの子だね。何か嬉しいことでもあったのかね？」なんて、微笑ましく思ってくれたりする…。**たった1度の挨拶をするかしないかで、天国と地獄の差になる**のです。

以上は騒音トラブルの話ですが、この**「事前にクレームの芽を摘み取っておく根回し作戦」**は、仕事でも大いに活かすことができます。

例えば、仕事の手伝いを誰かにお願いする場合、普段から周りの人と良好な関係を築いておくことが大切です。

私の話をしますと、長年、社内報の仕事に携わっていましたが、いつ何どき、誰に原稿や取材を依頼するかわからなかったため、社内に苦手な人を作らないことを心がけていました。何しろ社内報の原稿なんて、相手にとってはただのボランティアです。その人にだって予定はあるのですから、余裕を持ってお願いするのはもちろん、気持ちよく協力してもらうための誠意を持ったお願いも必須でした。まあ偉そうに言うほどできてはいませんでしたけど…。

会議におけるクレームの事前対策として、「会議参加者の中に事前に味方を作っておけば、円滑に進められる。会議は会議前から始まっていると考えよう」と解説しているビジネス書もあります。

そう言えば、企画会社がクライアントへ行なうプレゼンテーションで、あらかじめ指摘されそうな部分について、サクラを使って質問をさせて、お客の質問をする気をそぐという高等技術について読んだこともあります。

いずれにしても、クレームになる前に手を打つのが賢明のようですね。

一流の人のすごい考え方

クレーム予備軍とは、事前に友達になっておこう。

【出典】『ゆるみ力』阪本啓一著（日本経済新聞出版社）

原稿を編集者になくされた赤塚不二夫

ピンチの時こそ、人間力が試される

天才ギャグ漫画家、赤塚不二夫のエピソードです。『天才バカボン』を描き上げた赤塚不二夫、締め切り前日に編集者に原稿を渡します。しかしその後、大事件が…。「原稿をタクシーに置き忘れて、なくしてしまいました！」と編集者が蒼白で戻ってきたのです。タクシーとは連絡がつきません。しかし、翌日には原稿を印刷所に渡す必要があります。まさに大ピンチ！　しかし、赤塚不二夫はまったく怒ることなく、「ネーム（脚本のようなもの）があるからまた描ける」と言い、さらに…。

問題

このあと、赤塚不二夫が言った驚きの言葉は何だったでしょう？　出だしは「まだ少し時間がある…」です。

答え

「まだ少し時間がある。呑みに行こう」

これはもちろん、落ち込んでいる編集者を気遣っての言葉です。呑んで戻った赤塚は、また数時間かけて同じ話を描きあげて、**「2度目だから、もっとうまく描けたよ」と言って、その原稿を編集者へ渡した**そうです。こんなことをされたら、私が編集者だったら帰りのタクシーの中で号泣してしまいます！

この話には後日談があります。紛失した原稿は、1週間後にタクシー会社から赤塚不二夫宛てに郵送されてきました。「2度と同じ失敗を繰り返さないように、お前が持ってろ」と、赤塚不二夫からその原稿をプレゼントされた編集者は、その後35年間も、自分への戒めとして持ち続けたそうです。

そして、赤塚不二夫が亡くなった時、「この原稿の役目は終わった」と、フジオ・プロ（赤塚不二夫のプロダクション）を仕切る、娘のりえ子さんに原稿を戻したのです。だから、フジオ・プロには現在、『天才バカボン』の同じ回の原稿が2つ存在するのだそうです。

ファンからも出版関係者からも愛された彼の葬儀の参列者は、1200人に及びました。本当の優しさを持った赤塚不二夫が、いかに慕われていたかがわかります。

完璧な仕事や勝ち負けにこだわっていると、誰かが失敗した時についそれを責めてしまうもの。でも人間、完璧な人なんていないのですから、誰でもミスを犯します。**本当に優しい人とは、誰かが失敗した時や、トラブルが起きた際にも周囲を気遣うことができる人**なのです。

「孔子が人生において最も大切だと言っていた事は「恕（じょ）」。この「恕」とは、「思いやり」のこと。

「世界的な思想家の孔子をして、思いやりこそが大事だと説いていたのですね。

「『ドラえもん』の「のび太の結婚前夜」の回で、のび太との結婚を不安

に思うしずかちゃんへ、彼女のパパが贈る言葉。「のび太くんを選んだきみの判断は正しかったと思うよ。あの青年は人のしあわせを願い、人の不幸を悲しむことのできる人だ。それがいちばん人間にとってだいじなことなんだからね」

しずかちゃんのパパ、男の…いや人間の本当の価値をわかっています。このセリフ、きっと藤子不二雄が娘に贈りたかった言葉だったのでしょう。「仕事ができる」よりも、「優しさ」の方が大切。優しさを持つのび太こそ、一生のパートナーにふさわしい相手だったのです。

一流の人のすごい考え方

ピンチの時に、相手のことを考えられる人が、本当に「器の大きい人」。

【出典】『バカボンのパパよりバカなパパ』赤塚りえ子著（徳間書店）

第4章
この人たちのワザ

帝国ホテル流「2杯目のグラスを置く場所」

なぜか相手の心をわしづかみにする人の習慣

帝国ホテル。そのもてなしの姿勢は群を抜いています。あるドアマンは常連客約1000人の顔と名前、そして乗っている車の車種や運転手まで覚えているそうです。だから、「○○様、いらっしゃいませ」と言って、車のドアを開けることができる。

今回は、そんな究極のサービスを実践する帝国ホテルにあるバー「オールドインペリアルバー」からの出題。ここのバーテンダー、注文があると、1杯目のグラスはお客様が最も手に取りやすい右斜め前に置くのだそうです。でも、2杯目は…。

問題

居心地の良いバーを演出する帝国ホテルのバーテンダーが、おかわりの注文が来た時に、2杯目のグラスを置く場所はいったいどこでしょう?

答え

お客様が自分で移動した、1杯目のグラスの位置

誰でもそうですが、バーやカフェで飲み物を置く場合、自分がもっとも飲みやすい場所、あるいはグラスを置いておきたい場所にグラスを置きます。神経質な人は、それこそミリ単位でグラスの位置を調整したりするものです。

バーテンダーは、お客様が1杯目のグラスをどこに置いていたかをさりげなく観察しておいて、2杯目のグラスは「当たり前のように」その位置に置くのです。それがあまりにも自然に行なわれているので、多くのお客はそんな配慮に気付きもしない。でも、「あのバーは（なぜか）居心地がいい」ということになるというわけです。

帝国ホテルでは、ルームサービスの目玉焼ひとつをとっても、お客様（もちろん常連客ですが）の好みに合わせて焼きます。焼き時間を、秒単位で指定してくる常

連客もいるそうです。

また、帝国ホテルのベッドメーキング。連泊のお客様のベッドを整える時は、お客様の寝ぞうに合わせて行ないます。

これは、ある本に出てきた老舗旅館の話です。

そこの女将さんは、お客様と接する時、いつも元気に挨拶をしていました。でもある時、1人のお客様から「そんなに明るい声で笑いかけられても悲しくなる。今、とても気持ちが沈んでいるからね」という意味のことを言われて、はっとします。それ以来、**「お客様が今、どういう気持ちでいらっしゃるのか」を推し測って、挨拶のトーンを変えるようにしている**のだそうです。

マニュアル化は決して悪いことではありません。万人に向けたサービスを向上する上では有効に機能します。でも、誰に対してもまったく同じサービスというのは、少し味気なさを感じさせます。飲食のチェーン店が味付けや清掃についてマニュアルを完備する気持ちもわかりますが、カスタマイズされたサービスにお客様はより心を惹かれます。

サービスに関する本によく出てくる「**サービスの基本**」は「**観察力**」です。同じ人でも時と場合により、従業員に求めるものが変わってくるのですから、お客様の今の状況を察する観察力がモノを言ってくるのです。

そして、1人ひとりの好みを覚える記憶力。このへんはこまめに情報を記録することでカバーできます。以前に一度利用しただけのレストランが、自分の好みの味を覚えていてくれたら感動モノですよね。

帝国ホテルのような一流のサービスは、一朝一夕にできるものではありません。でも、バーテンダーのグラスの置き場所のように、ちょっとしたワザを取り入れることで、人の心をとらえていくことはできるはずです。

一流の人のすごい考え方

「その人オンリー」のサービスが究極のもてなし。

【出典】『帝国ホテル　サービスの真髄』国友隆一著（経済界）、『聞く力』阿川佐和子著（文藝春秋）

秋元 康が見つけたニューヨークの穴⁉

アイデアを豊富に思いつく人が心がけていること

商売の天才、秋元 康の話です。彼は、街を歩いている時でも常に発想のネタを探すクセがついていて、他の人が見逃してしまう小さなことにも気付くそうです。彼がニューヨークへ行った時のこと。街角の工事現場の塀を見て「あれ？」と思います。野球ボールくらいのサイズの穴が空いていたのです。不思議に思ってよくよく見ると、ニューヨーク全体で、工事現場を囲う塀には同じような現象が起きていることを突き止めます。

問題

秋元 康がニューヨークで見つけた「工事現場の塀に空いている野球ボール大の穴」。さて、この穴が開けられている理由は何でしょう？

答え

のぞき穴を開けておかないと、塀を壊して中をのぞかれてしまうから

ニューヨーカーたちは、中でどんな工事をやっているかが気になってしかたがないらしいのです。そのため、こうやって「のぞき穴」を開けておかないと、中を見るために塀を壊してしまうのだとか…。秋元 康がアメリカの友人に理由を聞くと、そんな回答が返ってきたのだそうです。

ニューヨークっ子たちの好奇心はすごい！　そして、常識のなさもすごい！　しかし、塀の穴に気が付いて、その理由を突き止めた秋元 康はもっとすごい！

秋元 康曰く。**「発想や企画のヒントは、日常の中に転がっていて、それを記憶するところから始まる」**。

工事現場の塀の穴も、気が付かない人はスルーしてしまいます。**でも彼は、気が**

付いただけでなく、その理由にまでたどり着きます。そこから例えば、「いつでものぞき見できるアイドル」なんてアイデアが生まれるかもしれない…。あっ、これは私の思いつき。彼はそんなスットンキョウなことは言っていませんよ！　念のため…。

一流の人が一流たるゆえんは、普段の行動にあります。素朴な疑問を持ったり、もっと改良の余地がないかを意識し続けている。いつもアンテナを敏感にしているのです。すると、ちょっとしたことでも見逃さず、ヒントになりそうなものを確実にキャッチすることができます。

些細なことでも気にするクセをつけ、気になったことはとことん調べる貪欲さも欲しいところ。**さらに、せっかく手に入れた情報は、仕事に活かすなり、アウトプットするなりして、宝の持ち腐れにならないようにしたいものです。**

「元ヤクルト選手・監督の古田敦也は新人時代、試合中は、あえて野村監督の近くに座った。そして、わざと監督に聞こえる声で、「ここは一球外さなきゃ」とか、「外野が浅すぎる」など、試合中に気が付いたことをし

ゃべりまくる。やがて、そのつぶやきが野村監督に認められて正捕手に抜擢されることに。野村監督曰く。「コイツは皆が気付かない事に、気付きまくっている…」。

せっかく気付いたことも隠しておけば、自己満足に終わってしまいます。古田のようにどんどんアピールすれば、チャンスも到来するわけです。

「細かいことを感じるか感じないか、考えるか考えないかで、人の成長は違ってくる」by 中村俊輔

日本を代表するサッカー選手の一人である彼のすごさはスキルの高さだけでなく、人が気付かないことに気付き、対応し続けてきたことだと思います。

一流の人のすごい考え方

ちょっとした気付きが、後に大きな成果を生むヒントとなる。

【出典】『企画脳』秋元 康著（PHP）、『察知力』中村俊輔著（幻冬舎）

人気ゴルフ場が朝食を無料にする理由

目先の利益だけに走らず、みんなが喜ぶ提案を出す

関東地方のとあるゴルフ場。コースの設計は一流で、サービスもレベルが高く、キャディの質もよいそうです。平日でも大盛況となっています。

しかもこのゴルフ場、食べ放題形式の朝食を無料で提供しています。朝が早いゴルファーにとって朝食をどう済ませるのかは悩みのタネですから、こちらも大好評。でも、ただでさえ人気のゴルフ場が、なぜ朝食の無料サービスまで行なうのでしょう？

問題

ゴルフ場が、お客に朝食を無料で提供することで得ているメリットとは、いったい何でしょう？（ヒント：実は、ゴルフ場にとって悩みのタネである、ある業務が激減するのです）

答え

ゴルフ場に遅刻するお客が激減すること

ゴルフ場には、キャディの割り振りやコース内の進行状況を管理する「キャディマスター」と呼ばれる職種の人がいます。この人たちの朝の大仕事が、遅刻するお客の対応。

例えば、3人で7時からコースをまわるグループのうち1人が遅刻すれば、スタートできません。そこで、すでにメンバーが揃っている次のグループを先にスタートさせて、その前の遅刻グループは最後の1人が到着するのを待ってスタートさせるなど、ゴルフ場の朝は何時に来るのかわからない遅刻者への対応に、非常に手間と時間がかかるそうです。

でも、このゴルフ場では、朝食無料サービスを始めてから遅刻者が激減しました。きっとみんなが、「タダで食べられるなら、少し早めに行ってゴルフ場で食べよう」と思ったのでしょうね。

これによって、ゴルフ場は無益な遅刻者管理に追われることなく、本来のサービスアップに時間を割くことができるようになったというわけです。

「損して得とれ」とはこのこと。ビュッフェ方式の朝食分くらい、軽くペイしてしまうメリットです。お客もゴルフ場も両方ハッピーになれるこの発想。仕事でもプライベートでも手本にしたいですね。


目先の利益に走ったり、自分の部署だけ得をすることばかり考えていては、セコイし面白くもありません。**全体を俯瞰で眺めて、トータルでプラスになることを行うのが賢い選択**だと思います。

企画会社を経営する小山薫堂も、「よい企画とはどんな企画?」と問われて、「いろいろなところに利益をもたらす企画」と答えています。


「伊勢丹の紙袋は他のデパートよりも少し大きいらしいです。お客様は、他で買ったモノもこの袋にまとめて入れて移動するので、結果、伊勢丹の『歩く広告』になります」by 秋元 康

軌道に乗って定着するサービスというのは、結局は皆に喜ばれるサービスなのですね。誰かは喜んでいるけど、その裏で誰かが不幸になっているというのは、いつかは破たんするサービスです。いつも、全員が満足できるアイデアを見つけることを心がけたいものです。

一流の人のすごい考え方

相手も自分も、両方にメリットがある「システム」を考えよう。

【出典】『残念な人の仕事の習慣』山崎将志著（アスコム）、『企画脳』秋元 康著（PHP）

安藤百福のカップヌードル開発秘話

困難に直面した時、違った角度から見てみると…

日清食品創業者である安藤百福。今や世界中で食されているカップヌードルは、彼の発明品です。彼がこの画期的な商品を開発する上で一番苦労したのは、麺をカップの中間で浮いた状態にすることでした。お湯が麺の下にたまり、上下から温まるようにするために、カップの底に空間を確保する必要があったのです。

簡単そうに聞こえますが「台形の麺をカップの中間で固定する」のが実は至難のワザ。百福さん、麺をカップの上から何度入れても、うまくいきませんでした…。

問題

試行錯誤の末に見つけた「麺をカップの中間で固定する方法」とは、どんな方法だったでしょう?

答え
麺を上下逆さにして固定し、カップの方を上からかぶせた

この方法により、麺を上から入れていた時の微妙なずれが消え、麺はピタッとおさまりました。まさに、逆転の発想！

そう言えば、同じく麺類の冷やし中華も確か、逆転の発想による発明品だったと思います。熱いラーメンが夏に売れないから、「冷たくして売っちゃえ」って、お見事な発想です。

新しい発想を得たい時は、見方を180度変えるのが有効です。あっ、間違っても360度変えないでくださいね。ガッツ石松の「ボクはボクシングをはじめて、考え方が360度変わったんだ」という伝説のギャグになってしまいますから…。

「発想の転換」で有名なのは、何と言ってもコロンブスのエピソードですね。「新

大陸なんて、船に乗ってひたすら進めば誰にでも発見できたじゃないか！」と言われたコロンブスが、「あなたはこのゆで卵をテーブルに立てる事ができますか？」と言い返した、あの話です。悪戦苦闘する相手に対し、コロンブスはテーブルに勢いよく卵をぶつけて、殻を割って卵を立ててしまいました。はっきり言って反則もいいところ。でも、「誰にでもできる簡単なことも、最初に思いついて実行に移すのは難しい」と強烈に反論したわけです。

コロンブスが割ったのは、「卵の殻」ではなく「固定観念の殻」でした。

私事ですが、生まれて初めて大勢の前でスピーチをしたのは友人の結婚式の披露宴でした。クイズ番組に散々出たにも関わらず、とてもシャイな私は、「スピーチなんて怖い、無理…」と断ったのですが、「どうしても」と言うのでシブシブ承諾。でも、ある日、考えが逆転したのです。「聴衆の目を気にするより、自分なんかにスピーチを依頼してくれた2人のために思い出に残る話をしよう！」と。そう思った瞬間に、「恐怖心」という殻が、パリッと割れました。

「なぞなぞ」が得意な人っていますよね。そういう人は、考え方の引き出しをたくさん持っているのです。「逆から見たり」「大きさを変えて見たり」「バラバラにして見たり」。

いろいろなアプローチで臨めば、解決しない課題なんて何もないのかもしれません。

「『できる』と信じるか、『できない』と信じるか。どちらも結果は、完全にその通りになるのだ」by ヘンリー・フォード（アメリカの自動車王）

大富豪への道は、「絶対にできる」と信じて、いろいろやってみること…というわけですね。

一流の人のすごい考え方

困難にぶつかったら、まったく違った角度から見てみる。

俳優1年目の児玉 清に殺到した役柄

失敗を恐れないことが、緊張を和らげる

俳優の児玉 清。『アタック25』の出場時に見たダンディな姿が忘れられません。晩年は渋い脇役となった彼ですが、実は役者になる気なんてさらさらなかったとのこと。友人が勝手に応募した東宝映画の新人試験に受かってしまい、「来年の就職時期までの腰かけ」という気持ちで俳優になったのだそうです。

他の新人たちと違って、実に「お気楽」に仕事をしていた児玉さん。カメラを向けられようが、どんな大監督（例え黒澤 明でも！）が目の前に居ようが、ぜんぜん緊張しなかったのですが、そのおかげである役柄が殺到したのです。

問題

新人のクセにぜんぜん緊張しない彼に殺到した、ある役柄とは何だったでしょう？

答え

喫茶店のボーイ役

主役の男女が、喫茶店などで会話をする時、欠かせないのがボーイ役です。おしぼりや水を運んで行き、2人がいるテーブルへ置く。言ってしまえば、たったそれだけの役。**ところが、これが実に難しい！**

考えみてください。ライトが煌々《こうこう》と輝くスタジオ内。100人近いスタッフが見守り、カメラを向けられる中、大スターが待つテーブルへ水を運んで行ってそれを置く…。ほとんどの新人は手も足もガタガタ震えて、コップがカチャカチャ音を立ててしまいます。そして、コップの水が波打ってしまいNGに。

すると、「カット！」と声がかかって監督や助監督に怒鳴られる。私なら、想像しただけで呼吸の仕方までもがわからなくなってきます。

児玉さんによれば、当時、このボーイ役ができなくて役者を断念した新人も多かったとか。なのに、**当のご本人は、「失敗したって屁のカッパ」と思っていたため、この難役をサバサバとこなしました。それで、児玉さんにボーイ役が殺到した**というわけです。

「どうせ…」と考えてリラックスすると、逆に本来の力が発揮できる。逆説的ですけど、使えるワザです。

誰だって失敗はします。失敗をしないように慎重にものごとを進めるのはもちろん悪いことではありません。ただ、**失敗を恐れるあまり、委縮してしまうのは考えモノです。そんな状態では実力の半分も出せません。**私も緊張さえしなければ、出場したクイズ番組のすべてで優勝していました。（ウソ）

コミュニケーション術の講演などで活躍中の和田裕美は、何千人もの前で話をし、アガりそうになる時、**「アガる」のではなく、自分から「アゲる」と考える**そうです。そもそも「アガる」のは、アドレナリンが分泌されているのだから「良い状態なのだ」と考えるようにしているとか。

「ワザとアゲているんだ！」というこの考え方、いただきです！

「スポーツキャスターなどでお馴染みの松岡修造。実は彼も自称アガリ症。彼の場合、アガりそうになると、体をリラックスさせるポーズ（＝足を肩幅に開いて立ち、両腕を振り子のように大きく前後に揺らす）をとって、頭の中に自分が大好きなものを思い浮かべて緊張をほぐすのだとか。彼がそんな時に思い浮かべる一番好きなもの。それは…、富士山！

一番好きなモノを思い浮かべる。私なら、塩せんべいかなぁ…。

一流の人のすごい考え方

失敗しても、殺されるわけではない。恥をかいても、世界が終るわけではない。

【出典】『負けるのは美しく』児玉 清著（集英社）、『本番力』和田裕美著（ポプラ社）、『人生を変える修造思考！』松岡修造著（アスコム）

超高級ワインをもらったのに、いい迷惑⁉

プレゼントは、相手の状況を考えないととんでもないことに

ワインが大好きなある人気デザイナー。ある年の大晦日、彼はスキー場のロッジで気の合った仲間たちと年末年始を過ごすことにしました。その予定を知ったのが、デザイナーのスポンサーである某企業。社のドル箱であるデザイナーのご機嫌を取ろうと、ロッジにいる彼のもとへ高級赤ワイン「ロマネ・コンティ」を贈ることにしました。しかも、大奮発して2本。本人には何も知らせず、サプライズの贈り物です。

ところがワインを贈られたこのデザイナー、ぜんぜん喜びませんでした…。

問題

せっかく大晦日のサプライズとして贈った2本のロマネ・コンティが、ワイン好きのデザイナーにぜんぜん喜ばれなかった2つの理由とは何だったでしょう？

答え

理由1→スキー場にはロマネ・コンティに合うつまみがぜんぜんなかったこと
理由2→仲間たちの手前、2本とも栓を開けなくてはならなかったこと

考えても見てください。大晦日のスキー場のロッジです。ろくな食べ物はありません。せっかくのロマネ・コンティ、本当ならフランス料理と一緒に味わいたいところ…。それが無理なら、せめて、いいチーズと一緒に楽しみたい。

ロマネ・コンティだけをチビチビやるなんて、ワイン好きには考えられないことです。スポンサー企業はせめて、チーズを一緒に贈るべきだったのです。

贈られたデザイナー。泣く泣く、たまたま用意してあった簡単なつまみを食べながら、ロマネ・コンティを飲むはめに…。

さらに、ワイン好きとしては、せめて1本は家に持ち帰りたいところでしたが、超高級ワインの登場でテンションが上がる仲間の手前、残りの1本も開けないわけにはいかなくなってしまった…。

これは想像ですが、きっとろくなワイングラスもなかったはず。

本当に「なんて気が利かない贈り物なんだ！」と思ったことでしょう。値段の張るものだけに、悔しさも倍増です。

贈り物は、相手の立場になって想像力を働かせないと、このようにトンチンカンなことになってムダ金を使ってしまいますから要注意です。

贈り物は高すぎても安すぎても逆効果で、なかなか難しい。実は「**その人の家族に喜ばれるモノを贈る**」というのが結構使えるワザです。

ちなみに私が考える**最高のプレゼントは、「その人の一生の友になる言葉」**。気の利いた言葉が自分では浮かばなければ、本を贈ってもいい。案外これが最高の贈り物になるのです。

「手作りのプレゼントは贈り物を2回するのと同じ。手作りする行為と、プレゼントそのものとで」byターシャ・テューダー

人のプレゼントを選んでいる時って最高に楽しいですよね。手作りのプレゼントなら、それを作っている間、自分も楽しむことができる。手作りのプレゼントの効用は、相手が喜ぶだけではないというのも見逃せないですよね。

スキー場のロマネ・コンティ。人にプレゼントを贈る時は、反面教師としてぜひ思い出してください…。

一流の人のすごい考え方

お金にモノを言わせただけで、相手の事情を考えない贈り物は、ただの野暮。しかも、もらって困るもの…。

【出典】『気分はいつも食前酒』重金敦之著（朝日新聞社）、『思うとおりに歩めばいいのよ』ターシャ・テューダー著（メディアファクトリー）

投資の神様が幼少時代に王冠を集めた理由

小さい頃から夢中だったことの中に、人生の答えがある

アメリカで「投資の神様」と呼ばれる人物、ウォーレン・バフェット。現在は、バークシャー・ハサウェイという会社の筆頭株主で、同社の会長兼CEOです。このバフェットさん。6歳の時にガムを売る商売をはじめたのが「商売事はじめ」。叔父さんからコーラを仕入れて売ったりしてお金を儲け、11歳の時には株を購入したという、とっても生意気なガキ…ではなく賢いお子さんでした。

問題

バフェットは5歳の頃、近所のガソリンスタンドに行っては、ペプシコーラやジンジャーエールなどの王冠をたくさん拾ってきていました。さて、後に「投資の神様」と呼ばれるバフェットが、王冠を集めてきてやったことは何だったでしょう?

答え

どの銘柄がよく売れているかをリサーチした

なんと、5歳のバフェット少年、拾ってきた王冠を新聞紙の上に並べて、**どの銘柄がよく売れて、どの銘柄は人気がないのかをせっせと調べていた**のです。別に誰かから頼まれたわけでもありません。もちろん、まだ株も購入していません。でも彼には、そのリサーチがたまらなく楽しかったのです。

これぞ、「梅檀《せんだん》は双葉より芳《かんば》し」の生きた見本。さらに、「好きこそモノの上手なれ」の見本でもあります。そんな彼にとって、株式投資はまさに天職だったでしょうね。

「さすが投資の神様は、子供の頃からやることが違う！」と思わせてくれるエピソードです。

えっ。「自分なら集めた王冠をマニアに売る」ですって？　さすがは凡人の発想（失礼！）。だって、もし王冠コレクターのマニアがいたとしても、バフェットのようにガソリンスタンドへ行けば、タダでたくさん落ちていますから…。

子供の頃に好きなことって、はじめから決まっているような気がします。私は生まれ変わりを信じていますので、例えば「天才ピアニスト少年」などをテレビで見ると、ああ、前世では音楽家だったんだな…なんて思ってしまうのです。

ですから、もし大人になってから「自分のやりたいこと」が見えなくなってしまったら、**バフェットのように、「5歳の時に夢中になっていたこと」を思い出してみてください。きっと、人生の答えが見つかるはずです。**

私の場合は、5歳と言えば、ちょうど最初の「なぞなぞの本」を手にした頃でしょうか。ああっ、やはりクイズ好きも本好きも運命であったのか…。

手塚治虫はプロデビュー前からたくさんの漫画を描いていました。小学生の頃に描いたストーリー漫画は、友達に回し読みされるだけでなく、あまりの面白さに先生たちの間でも評判だったのだとか。

小学生にして、大人も夢中になれるレベルの漫画を描いていたのですね。私はその作品の一部を展覧会で観ましたが、『のらくろ』の時代にあんな大胆な漫画を小学生が描いていたことにまず驚きました。

「演出家の三谷幸喜が子供の頃に大好きだった遊びは、G・I・ジョーの人形を使った「ひとり人形劇ごっこ」。

なるほど〜。劇団も映画も、彼にとってはこの「ひとり人形劇ごっこ」の延長線上だったのか〜。

一流の人のすごい考え方

子供の時に夢中になっていたこと…、それが天職。

【出典】『11歳のバフェットが教えてくれる「経済」の授業』田口智隆著（フォレスト出版）

天才料理人が寿司職人にした意外な注文

「一流」が「一流」を試した、掟破りのリクエスト

一流のお寿司屋さんのカウンター席は特別な空間です。特に店主の前の席ともなれば、そこはもう特等席。初めて入るお店でいきなり座ったりすると「野暮な客」と思われてしまいます。私が普段行くお寿司さんのカウンターは、なぜか目の前をお寿司の乗った丸皿が流れているので、とても安心ですが…。

料理評論家の山本益博が、フランスの天才料理人のジョエル・ロブションを銀座の一流寿司店「すきやばし次郎」へ連れて行った時の話です。ご主人が握る寿司を2、3貫食べたジョエル・ロブションが、突然、あるリクエストをします。

問題

ジョエル・ロブションがお店にリクエストしたことは何だったでしょう？

答え

酢めしだけの握りを注文した

ジョエル・ロブションは、横にいる山本益博にこう言ったのです。「上の魚はいらないから、ご飯だけで握ってもらえるよう頼んでくれないか」。酢めしだけを握ってもらいそれを口にすると、「美味しい。これは真似できない」と脱帽したそうです。

人並み外れた舌を持つ彼は2、3貫食べて、酢めしの美味さに気が付いた。その真髄を知るためには、上に乗った寿司ダネは邪魔だったのです。恐らく料理人として、酢めしを分析するためのリクエストだったのでしょう。

分析結果は、「自分には再現不可能」。後にジョエル・ロブションはすきやばし次郎のカウンターを「天国に一番近い場所」と絶賛しています。

「みなさん褒めてくださるのは魚のことばかりで、酢めしのことを言ってくれる人なんていませんからね。いやあ、すごい人です」。これは、絶賛された側の次郎さんの弁です。以上は山本益博の著作に出てきたエピソードですが、一流と一流の間に静かな火花が散っているようで、何だかカッコいいです。

「一流を知る」ための唯一の方法は、「一流」に触れるしかありません。どんなものであろうと「一流」のお値段は決して安くはありませんが、これも人生経験と思って、清水の舞台から2〜3回飛び降りるつもりで経験すると、それが人生の宝になります。

永六輔が昔、ラジオで語っていた話。「ある事柄について、一番良いモノと一番ダメなモノを知っていれば、その中間が来た時に、それがどのあたりのレベルのものなのか判断できるようになる」。

自分の中にものさしを作っておけば、一生使える「見る目」を持つことができるのです。

『暮しの手帳』の編集長の松浦弥太郎。彼は子供の頃、親に連れられて美術館へ行くと、いつも親から「さあ、どの絵がいいか選んでみなさい。買って帰って、おうちに飾るつもりで！」と言われた。そして、1枚を選ぶと、帰りにはショップでその絵がプリントされたハガキを買ってもらえたため、いつも真剣に絵を吟味していた。彼は、「現在、注文や買い物を即決できるのは、この美術館の体験で好き嫌いを超えた判断基準が研ぎ澄まされたおかげ」と語っている。

ホンモノを観せて「鑑賞眼」を育て、本気で選ばせて「決断力」を与えてくれたご両親に感謝ですね、弥太郎さん。

一流の人のすごい考え方

「一流」に多く触れて、モノの本質を見抜く目を鍛えよう。

【出典】『大人の作法』山本益博著（ベストセラーズ）、『今日もていねいに。』松浦弥太郎著（PHP）

マグロ船の船長の知られざる仕事

人間1人では生きていけない。助け合いの精神こそ大切

マグロの鮮度を維持する薬の開発に携わっていたある会社員。会社から、ある日突然、「マグロ船に乗ってマグロのことを知って来い」と、理不尽な業務命令を受けてしまいます。

マグロ船の仕事は非常にハード。遠洋の魚場に着いたら、1日17時間の肉体労働が20日間続くことも…。1人でも多く人手がほしいところですが、船長はこの漁に参加しません。「偉いから」ではありません。実はもっと重要な任務があるのです。

問題

マグロ船の船長が、ほぼ1日中たずさわっている、ある大切な役割とは、どんな仕事でしょう？（ヒント：「船の操縦」「魚群探知機を見る」、どちらも違います）

答え

無線で他のマグロ船に連絡して、マグロの群れがいる場所の情報交換を行なう

あなた今、「えっ、他のマグロ船が、マグロの群れの場所を教えてくれるの？」って思いましたね。意外にも、これが教えてくれるのだそうです。実はマグロ船同士は、こうした魚場の情報を惜しげもなく頻繁に交換し合うとのこと。**海に出たら「持ちつ持たれつ」。助け合うのが当たり前。**そんなふうに考えるのですね。

しかし、中にはそうした情報のやり取りを無視する漁船もあるそうです。自分たちがせっかく見つけた魚場は他の船には教えない。それどころか、ウソの情報を流して、自分たちが見つけた魚場から遠ざけようとさえする…。

確かにそうすれば、一時的には魚場を独占できます。でも、そうした船は、**他の漁船からもよい情報をもらえなくなります。トータルすると結局、漁獲量は減って**

いくのだそうです…。世の中、うまくできています。

日本の一部の集落には「結《ゆい》」と呼ばれる共同作業の制度があります。

有名なのは、合掌造りの茅葺《かやぶ》き屋根の集落で知られる岐阜県白川郷の結。茅葺き屋根のふき替えには莫大な費用と労働力が必要ですが、これらを集落の助け合いである結により無報酬で行なうことで、村人個人の手間と費用が軽減されてきたそうです。

ドラマの『北の国から』には、五郎さんが丸太小屋を作る時など、近所の多くの人たちが当たり前のように手伝いに来ているシーンが数多く描かれていますが、あれも結です。

人は、どんなに強い人でも、頭のいい人でも、1人では生きて行けません。ましてやマグロ船のように、大海原など自然に挑む時、人は無力です。だから助け合いが必要なのです。あなたも、困った時には、大いに人に頼ってくださいね！

「「うばい合えば足らぬ　わけ合えばあまる」by 相田みつを

日本の食糧自給率は低いと言われていますが、北海道の農村部だけなら何千%にも及ぶそうです。この農村部が食糧を独り占めしないおかげで、農耕地がほとんどない日本の都市部でも美味しい野菜や畜産物が手に入るのです。

天国と地獄の違い。亡者たちが、ご馳走を前に、長〜いおハシを手にして食べることができず、嘆き悲しむのが地獄。亡者たちが、ご馳走を前に、長〜いおハシでお互いの口に食べ物を運び、ニコニコ笑っているのが天国。

まったく同じ場所が、助け合いの精神があるかないかで、天国にも地獄にもなる。その差は紙一重でしかありません。

一流の人のすごい考え方

助け合えば天国、いがみ合えば地獄。

【出典】『会社人生で必要な知恵はすべてマグロ船で学んだ』齊藤正明著（毎日コミュニケーションズ）

トム・ソーヤーの作家のストレス解消法

しつこい怒りが消えてなくなる方法

『トム・ソーヤーの冒険』で知られる作家、マーク・トウェインがまだ無名だった頃のエピソードです。その頃の彼は、原稿をボツにされたり手を入れられると、怒って出版社への「抗議の手紙」を書き、奥さんに「投函しとけ！」と命令していました。

新人のクセに生意気な作家から何度も抗議文が届けば、当然出版社とトラブルになりそうです。それなのに彼の場合、トラブルはぜんぜんなかったのだそうです。

問題

新人時代のマーク・トウェインが何度も抗議の手紙を書いたにも関わらず、出版社との間でトラブルが発生しなかった理由は何だったでしょう？（ヒント：「彼の本が売れていたから」ですって？　違います。まだブレイクする前の話です）

答え

マーク・トウェインから手紙を受け取った奥さんが、投函しないで全部捨てていたから

奥さん、やるぅ！　ダンナの性格をよくわかっています。実は、奥さんも最初のうちは手紙を出していたのだそうです。でも、途中からハタと気が付きました。**「うちのダンナ、手紙を書くだけで、すでに怒りはおさまっているのでは…」**。

そうなのです。飲み屋で上司の悪口を言っているサラリーマンと一緒。「怒り」は吐き出してしまえば、それでもう半分くらいは消えているのです。

やがて、マーク・トウェインも自分の手紙を捨てられていたことを知りましたが、その後は、ただ単に怒りを文章にすることで自分の気持ちをしずめていたそうです。

「怒り」や「ストレス」は、いくら貯めてもただのムダ。「怒り１００ポイントで粗品と交換」なんてことはありません。そんなムダなもの、吐き出して、ポイする

のが一番です。

精神科医であり随筆家でもあった、モタさんこと斎藤茂太は、生前、腹が立つことを書き連ねるための小さな日記帳を用意し、そこに、ネガティブな感情を書き出すことで心を浄化させていたそうです。「後になってこの日記帳を読み返してみると、人は案外つまらないことに腹を立てたり、悔しがったりしていることがわかり、自分の器の小ささを反省するよい機会にもなる」と、著書の中で告白しています。ちなみに、その日記帳に付けていた名前は、『はらたち日記』…。

腹が立ったことも文字にすれば、自分を客観的に見つめ直すことができます。会社で腹が立つことがあったら、それを一度メールに書いてから削除してみましょう。きっとスッとしますよ。（くれぐれも間違って送信しないでくださいね…）

「恨み貯金はしない」by 長谷部 誠

ちなみに長谷部 誠のリフレッシュ法は、一人で温泉に行くことだそうです。ネガティブな気持ちが解消できるだけでなく、身体も休まって一石二鳥の方法ですね。

「けんかはよせ、腹が減るぞ」by 水木しげる
戦争で九死に一生を得た水木センセイの深い言葉です。

「悪口は毒蛇。受け取るな」by ブッダ
仏教では「二の矢を受けるな」という言葉も聞いたことがあります。「人からの悪口」が一の矢。それによって自分が腹を立てるのが「二の矢」です。

一流の人のすごい考え方
腹が立つことは、文章にして読んでみよう。
きっと、つまらないことだから。

【出典】『こわいほど「運」を呼び込む習慣術』樺 旦純著（日本実業出版社）、『いい言葉は、いい人生をつくる』斎藤茂太著（成美堂出版）、『心を整える。』長谷部 誠著（幻冬舎）

第5章
この人たちの魔法

矢沢永吉の人たらし術

どんな相手も一発で、自分のファンにしてしまう方法

クリエイティブ・ディレクターの箭内道彦が、初めてロック界のカリスマ、矢沢永吉のプロモーションビデオの仕事をした時の話です。ある日の打ち合わせで、1時間のうち58分間は永ちゃんが1人でしゃべりました。それに気が付いた永ちゃんはこう言います。「箭内さんすいません。今、矢沢だけがしゃべっちゃってます。ただ、今日はそうさせてください。今、たぶん箭内さんの頭の中にいろいろなアイデアが浮かんでいるはずです。でも、今はそれを言わなくていいです。家に帰ってそれをメモして、次に会う時に矢沢のところに持ってきてください。そうしたら…」。

問題

さて、このあと矢沢永吉は何と言葉を続けたでしょう?

答え

「矢沢は、そのメモを見ないでオッケーします」

カッコ良すぎる…。こんなことを言われたら、プロ意識のすべてをかけて頑張ってしまいます。

本質がブレないように、自分が伝えたいことは、最初に言葉を尽くして、熱くすべて伝える。後はもう、相手を「プロ」だと信頼して全部任せる。出来上がったものには一切の文句をつけない。これぞ「人たらし」の真骨頂！ 会う人会う人をメロメロにしてしまう矢沢永吉の魅力（魔力？）です。

ちなみに矢沢永吉は、「○○さん、矢沢はこう思うんですが、○○さんはどう思いますか？」というように、初対面でも、相手の名前を連呼します。名前を意識的に呼ぶのはコミュニケーション術の基本。相手は、矢沢永吉から自分の名前を口にしてもらうだけで、どんどん彼に惚れ込んでいくのです。

ちなみにこの箭内道彦の企画。最初の打ち合わせの時に、初めて箭内の説明を聞いた矢沢永吉は、「箭内さんすみません。この企画、矢沢まったく理解できません」と言ったのです。内心、「ゲッ、やばい」と思う箭内道彦。でも、永ちゃんはこう続けるのです。

「わからないから、（その企画）矢沢にやらせてください」。そして、殺し文句は「わかることはやりたくない」。

もう、「どうにでもして」と言いたくなるくらいの「人たらし」です。

「人々は、自己重量感を満たしてくれる人のとりこになる」by 河瀬和幸（セールスクリエーター）＆おかのきんや（クリエーター）

「自己重量感」とは、「自分は重要な人物である、とても優れた人物である。そう思いたいし、そう思われたい」という感情のことです。誰でも、自分を大事にしてくれる人には、尽くしたくなりますよね。

「毎日、多くの面会者がいたある政治家の話。その日の最初に会う人には「君の話は、いの一番に聞かねばならんと思ってね」と言い、その日の最

後に会う人には「君の話は、ゆっくり聞かねばならんと思ってね」と言っていた。

この政治家、よくわかっています。間に入る人には、別に特別な言葉をかける必要はないのです。最初の1人が、「俺の話は最初に片付ける気かよ」と思わないようにする。そして、最後の1人が「俺は最後まで待ちぼうけかよ」と思わないようにすればいいのです。

一流の人のすごい考え方

相手の自尊心をくすぐってイイ気持ちにさせよう。

【出典】『考える力をつくるノート』講談社編、『人たらし道免許皆伝』河瀬和幸／おかのきんや著（こう書房）

KKコンビを破った名監督の一言

折れかかった心も、言葉だけで元気にすることができる

桑田真澄と清原和博のいわゆる「KKコンビ」がいた時代のPL学園は本当に強かった。2人は1年生からレギュラーでしたが、夏の大会は特に強く、優勝2回、準優勝1回。つまり彼らは夏の甲子園で、たったの一度しか負けなかったのです。「夏のKKコンビ」に黒星を付けた唯一のチームは、名将・木内監督が率いていた当時の取手二高（茨城）。試合は取手が1点リードで迎えた9回裏。PLが起死回生のホームランで同点に追い付きます。延長に入れば、サヨナラ勝ちができる裏の攻撃のほうが有利。優勝目前で追いつかれて気落ちしてベンチに戻る取手の選手たち…。

問題
心が折れかかった選手たちを復活させた、監督の言葉は何だったでしょう？

答え

「よかったなあ、まだ甲子園で野球ができるぞ！」

甲子園の決勝戦。ということは、他のすべての球児の「夏」はもう終わっている。この大舞台で、まだ野球を続けられることがどんなに幸せなことなのか…。

この魔法の一言で、心機一転。プレッシャーを「喜び」に変えることができた選手たちは、10回表の攻撃でなんと4点を奪い、取手二高は茨城勢で初めての甲子園優勝を果たすことができたのです。

たった一言で、人は蘇ることがあります。贈り方さえ間違えなければ、「言葉」は「人類最高のギフト」です。

ツライと思うことも、見方を変えれば、「自分だけしか味わうことができない経験をしている」と考えることができます。そう思えたら、しめたもの。

今置かれている状況を、存分に楽しむことだけを考えればいいのです。

「三原マジック」と呼ばれた名采配で知られた三原 脩が、西鉄ライオンズの監督時代。巨人との初めての日本シリーズ第1戦の直前、意気込みすぎて緊張する選手たちに言った言葉。「今日は勝たなくていいぞ！」

意気込みすぎると逆に本来の力が出ません。この言葉で冷静に巨人を観察した選手たちは、「自分たちと実力の差はない」との確信を得たのです。

新人時代にエラーが多かった阪神タイガースのOB、ムッシュこと吉田義男。彼を我慢して使い続けた当時の松木謙治郎監督は、吉田が落ち込んで委縮しないよう、こう声をかけ続けた。「もう1つエラーしてみろ！」。その後吉田は、守備を得意とする名ショートに成長した。

「またエラーしたらどうしよう…」を逆手にとった言葉ですね。なかなか売れない営業マンには、「また明日も、1つも売れずに帰って来い！」かな!?

「中田英寿がワールドカップに出場する時、親友の木村拓哉が電話で彼に贈った言葉。「大きなプレッシャーがあるかもしれないけど、そのプレッシャーを味わえる日本人は11人しかいない。究極のプレッシャーを楽しんできて欲しい」

木内監督の言葉と同じですね。ワールドカップのプレッシャーを感じられるなんて、サッカー人としてこれ以上の幸せはありません。さすがキムタク、言葉という最高のギフトです。

一流の人のすごい考え方

ピンチもプレッシャーも、自分に与えられた特権だと思ってみよう。

マザー・テレサ流「世界が幸せになる方法」

身近なところからコツコツと、幸せにしていくことが大事

貧しい人たちのためにその生涯を捧げた修道女、マザー・テレサ。ノーベル平和賞が贈られた時は、「私はノーベル賞の受賞者には値しません。でも、誰からも見捨てられ、愛に飢え、死に瀕している世界の最も貧しい人々に代わって賞を受けました」とコメント。賞金は全額、カルカッタの貧しい人達のために使われました。
自分よりも他人の幸せを願う彼女に、ある人が、「世界の人々を幸せにするために、我々はいったい何をすればいいのでしょう?」と聞いたことがあるそうです。

問題
「世界の人々を幸せにする方法」を尋ねられたマザー・テレサ。さて、インタビュアーに「まず、何をしなさい」と回答したでしょう?

答え

「まず、あなたが家に帰って家族を幸せにしてあげてください」

マザー・テレサは、遠くのたくさんの人たちの幸せよりも、まず、**身近な家族の幸せを実現するのが大切**と説いたのです。この言葉を聞いた人たちが皆、それを実行したら、本当に世界中が幸せになりそうな気がしてきます。「世界中の人々が幸せになる」という壮大な夢を実現するために、さあ、あなたも今日は早く家に帰りましょう！

そもそも、自分にとって一番身近な存在である家族すら幸せにできない人には、世界中の人たちを幸せにすることなんて絶対にムリです。

まずは自分の家族を幸せにする。マザー・テレサは、それがはじめの一歩だと言っているのです。それができたら今度は、友人や近所の人など、毎日のように顔を合わせる人を幸せにする。それができたら今度は…、そうやって一歩一歩進めて行けば、やがては世界の人たち全員が幸せになれる、ということなのでしょう。

「経営者であり、多数の著書がある斎藤一人は「人が幸せになるのは、権利ではなく義務」だと言っている。その理由。「あなたが幸せになれば、少なくとも世界から幸せではない人が一人減るから」。

そうか、「幸せ」は「なるもの」ではなく、「ならなくてはいけないもの」だったのですね！　はい、わかったであります！

「ロシアの「なぞなぞ」。「家の中にあるのに、目には見えないモノな～に？」。答えは「ぬくもり」。

暖炉を囲んで温かいスープを飲むという、ロシアの家庭が目に浮かんできそうです…。何だか、含蓄のある「なぞなぞ」ですね。何気ない生活のぬくもりこそが「幸せ」の正体なのかもしれません。

「「王様であろうが、農民であろうが、自分の家庭に平和を見いだす者が、

「もっとも幸福な人間である」byゲーテ

そうですね。権力、名声、お金をいくら手にしていても、家庭がグチャグチャな王様よりは、極貧でも家族がニコニコしている農民のほうが幸福でしょう。

「尼さんであり作家でもある瀬戸内寂聴の言葉。「もし、お子さんから『何のために生きるの？』と聞かれたらこう答えてください。『誰かを幸せにするために生きるのよ』」。

この言葉、「人が生きる意味」のすべてを言い尽くしている気がします。

一流の人のすごい考え方

「幸せの青い鳥」はすぐ近くにいる。

【出典】『大人のための世界の「なぞなぞ」』稲葉茂勝著（青春出版社）

『ビッグイシュー』誕生秘話

偏見や思い込みを取り除くことから、すべては始まる

ホームレスが街角で売っているビニール入りの雑誌。あれは『ビッグイシュー』と言い、1冊売るごとに売り上げの一部がホームレスの利益になるシステムです。『ビッグ・イシュー』が産声を上げたのは、1991年のイギリスでのこと。アイデアの主は化粧品会社のお偉いさんだったゴードン・ロディック。誕生のきっかけは、彼から市場調査を頼まれたジョン・バードというイギリス人が、街でホームレスにヒアリングを行なった時に聞いた一言でした。

問題

「自分が雑誌を売ることについて、どう思うか?」と聞かれたこの時のホームレス。さて、何と回答したのでしょう?（ヒント：出だしは「売ることかい?」です）

答え

「売ることかい？　物乞いに比べりゃ、何だっていいよ」

実は、このバードさん、友人のロディックさんから「ホームレスが雑誌を売る事業について市場調査を行なって欲しい」という話をもらった時、そんなに乗り気ではなかった。もともとチャリティというものが好きではないし、「働く気がないホームレスたちに仕事を与えて何になる？」と思っていたのです。

しかし、このホームレスの痛烈な言葉は、彼の思い込みを消し去るのには十分なインパクトでした。**ホームレスの多くは決して、働くのがイヤで物乞いをしているわけではなかった**のです。

この一言を聞いて、自分が彼らを色眼鏡で見ていたことに気が付いたジョン・バードは、「このビジネスは成功する！」と確信し、それをロディックへ報告。『ビッグイシュー』はこうして、ロンドンで産声を上げることになったのです。

いつの世も、**偏見や思い込みは、真実を見る目を曇らせます。「信念を持つ」とは、似て非なるものです。**

企業の問題点を見つけ出し、指導をしていくコンサルタントは、「偏見」のことを「スキーマ」、「思い込み」のことを「ビリーフ」と呼んで、自分の思考が支配されないように気を付けるのだそうです。それはそうです。コンサルタントという仕事は、ちょっとした思い込みでも、クライアントをおかしな方向へ導いてしまう可能性があるのですから…。

「思い込み」をうまく利用しているのがマジックです。多くのマジックは、「えっ、うそ!?」というくらい単純なトリックで成り立っています。

例えば、瞬間移動のイリュージョン。ウソかホントか、世界の一流マジシャンの多くは、瓜二つの双子の兄弟がいるそうです。観客はまさか双子のわけがないという思い込みで、瞬間移動のトリックを難しく考えて不思議がる…のだとか。

「「自分で一次情報を掴むために、現場に足を運ぶことだ。（中略）すべての情報は、一次情報に始まり一次情報に終わるのだ」by 千田琢哉

「そうですね、一次情報以外がいい加減なのは「伝言ゲーム」見ればわかりますよね。

本田宗一郎が「現場」「現物」「現実」の「三現主義」を重視したのも、一次情報を何よりも重視し、偏見や思い込みを排除するためだったのでしょう。

一流の人のすごい考え方

「偏見」「思い込み」は真実を見る目を曇らせる。

【出典】『プロの「観察力」』野口吉昭著（マガジンハウス）、『死ぬまで仕事に困らないために20代で出逢っておきたい100の言葉』千田琢哉著（かんき出版）

燃え落ちる校舎の前で

過去や現状を悲しむより、未来に希望を持つほうがいい

国民的ベストセラー『窓ぎわのトットちゃん』。トットちゃんこと黒柳徹子さんが、子供の頃に通っていたトモエ学園での体験を綴った小説です。終戦の直前まで現在の自由が丘にあったトモエ学園は、教育者の小林宗作が校長となり、自由奔放な教育を展開した学校でした。

小林校長がすべてを捧げて創り上げた理想の学校のトモエ学園は、この物語の最後に、B29からの焼夷弾で焼けてしまいます。燃え上がる校舎をじーっと見ていた小林校長は、そばに立っている大学生の息子に声をかけます。

問題

炎に包まれる学校を見ながら、小林校長が息子に言った言葉は何だったでしょう?

答え

「おい、今度は、どんな学校作ろうか？」

「本当に前向きな人」は、文字通り、前（＝未来）しか見ていません。だから何を失ってもゆるがないのです。**どんなピンチでも、それを「新たなチャンス」と考えることができる**のですね。

燃え落ちる校舎を前にして、新たなスタートに胸をワクワクさせていた小林校長。その心境に達するのは容易ではありませんが、ぜひ見習いたいものです。

『街の灯』や『ライム・ライト』など数々の名作がある喜劇王チャールズ・チャップリン。そのチャップリンが「あなたの最高傑作は何ですか？」と聞かれた時の回答。「ネクスト　ワン（次回作）！」

才能のある人は、いつも次の作品のことを考えているのですね。小林校長が次に作る学校にワクワクしていたのと同じです。

漫画『ドラえもん』のワンシーン。泣いている幼い日ののび太に、おばあちゃんがダルマを転がしながら話しかけます。「ダルマさんてえらいね。なんべんころんでも泣かないでおきるものね」。泣いていたのび太は、病気のおばあちゃんを気遣って、こう言います。「ぼくダルマになる。やくそくするよ、おばあちゃん」

のび太のやさしさが伝わってくる名シーンです。結局、しずかちゃんと結婚して幸せをつかむのび太は、おばあちゃんとの約束を果たしたと言えるのでしょうね、きっと。

なでしこジャパンがワールドカップで奇跡の優勝を果たした時の、キャプテン澤穂希の言葉。「私たちが優勝することで、震災で何かを失ったり、誰かを亡くしたり、自ら傷ついたりした人を一人でも、一瞬でも慰めることができたなら、その時私たちは、何か特別なことを成し遂げたと言えます」

そして、さらにこう続けます。

「今日の試合は、私たちが日本を代表し、決してあきらめない姿を示すチャンスでした」

この言葉に「なでしこジャパン」の強さの秘密があるような気がします。**どんなピンチも「あきらめない姿を示すチャンス」と考えたら、なんだか楽しいじゃありませんか！**

人生は失敗や挫折の連続です。でも、いくら悔やんでも過去は過去。せっかく「生かされて」いるんです。**未来を明るくすることだけを考えましょう。**

一流の人のすごい考え方

未来を明るくすることだけを考えて、上を向いて歩こう。

【出典】『窓ぎわのトットちゃん』黒柳徹子著（講談社）

エピローグ

最後まで読んでいただき、本当にありがとうございました。楽しんでいただけましたでしょうか？　最後の最後に、あと2つだけエピソードを紹介させてください。

福島県の小学校のマーチングバンドが起こした奇跡

テレビのあるニュース番組で、福島県南相馬市にある小学校のマーチングバンドの特集を放送していました。

福島県南相馬市…。そうです。放射能の影響で、多くの方々が故郷を離れて閑散としてしまった土地です。

マーチングバンドはチームプレーが命。単に演奏を合わせるだけでなく、複雑なフォーメーションの動きをピタリと合わせなければなりません。ですから普通は、全体練習を何度も何度も繰り返します。

ところが、この小学校のマーチングバンドのメンバーは、放射能によって、散り散りばらばらになっていました。各々のメンバーが、各々の避難先で、東北大会へ向けた練習を続けなければならなかったのです。

やっと全体練習ができたのは東北大会の本番直前。練習を指導した先生は愕然《がくぜん》とします。

演奏がぜんぜん合わない、何度やってもうまく行かない、全体で動くフォーメーションなんてまったくダメ…。子供たちも焦ります。

「もし、全国大会に行けなかったら、この仲間たちと集まることは2度とないかもしれない」。そんな思いがプレッシャーとなって、余計にうまく行かなかったのです。

結局、練習では一度も成功せず、不安いっぱいのまま本番を迎えてしまいます。

東北大会の当日、楽屋裏で指導の先生は、演奏直前の子供たちへ最後の言葉を贈ります。この言葉が子供たちに魔法をかけたのです。

本番では、練習で一度も合うことがなかった演奏がピタリと合います。全体のフォーメーションもバッチリ決まる。そして、一度もミスすることなくフィニッシュ！　会場は拍手喝采です。

すべてのチームの演奏が終わり、全国大会へ行くことができるバンドの名が読み上げられます。一心に祈る子供たち。

そして、南相馬市のこの小学校の名前が。自分たちの小学校の名前が呼ばれた瞬間、はじける子供たち。泣きじゃくりながら抱き合って喜びます。先生も子供たちと一緒に泣いている…。

全体練習はたった一度だけ。何1つ、うまく行きませんでした。それなのに、本番ではすべてがうまくいったのです。子供たちの心がその瞬間、1つになって奇跡が生まれました。

奇跡の呼び水となった、先生が本番直前に子供たちに投げかけた言葉。それは、こんな言葉でした。

「先生は、実はそんなに心配していません。おまえたちは本番に強い！　必ずやってくれると信じています」

奇跡は、こんなにも短い一言で生まれることがあるのです。

笑顔でできた「絆」はたくさんの人の心をつなぐ

これもテレビで観た話。

ある情報番組の中で、子供がいろいろなことに挑戦する人気コーナーがあります。２０１１年12月の放送に登場したのは、宮城県に住む小学6年生の男の子。

彼がチャレンジしたこと。それは、「震災で仮設住宅に住む人たちに笑顔を届けたい！」

彼は、「笑顔はつながる」と考えました。そして、カメラを手に被災地をまわり、そこにいる人たちの「笑顔写真」を撮りはじめるのです。

「今、笑顔の写真を撮っているんで。協力していただけますか？」。小学生とは思えない丁寧な言葉づかいで街角の人たちの声をかけ、写真を撮り続けます。

声をかけられた漁師さん。「笑顔なんて、あの地震以来、忘れちまったよ」と言いつつ、ついニッコリ。カメラを手にした彼は、もうすっかり笑顔配達人になっています。


街を見下ろせる高台に立ち、津波の傷跡が残る街を見ながらつぶやく彼。「…この街が好きです」。


撮りためた写真は大きな紙に貼っていきます。最初は写真で「笑顔」という文字を作ろうとしました。でも、うまくいきません。

次はスマイルマークにしてみます。でも、何かが違います。

最後に「笑顔写真」でつくりあげたのが、「絆」という一文字。

完成品を持ってボランティアたちの集会所へ。彼自身も被災者です。「絆」の写真文字を届けた集会所は、実は、彼が震災時に避難していた場所でもあります。

集会所の壁に貼られた巨大な「絆」の文字。それを見ながら笑顔で涙ぐむ人たち。「力をもらえます」と一言。

笑顔写真からもらった笑顔です。

「笑顔はつながる」。この「絆」の写真文字は、噂が広がり、遠くの仮設住宅から、わざわざ見に来る人たちもいたそうです。

笑顔の連鎖。それは、「絆」です。

エピソードが持つ無限の力があなたを助けてくれる

本やテレビを観ていると、時としてすばらしいエピソードに出会うことがあります。そして、優れたエピソードには力があります。

私は、子供の頃から「名言集」とか「エピソード集」などの本を読むのが大好きでした。小学生の頃、親からもらったことわざ辞典の付録に「名言・金言集」があり、ことわざはそっちのけで、「名言・金言集」の方ばかりを飽きもせず眺めているような子供だったのです。

ちなみにその頃、一番好きだった名言は、次のゲーテの言葉でした。「涙と共にパンを食べた者でなければ、人生の味はわからない」。

その後、クイズが好きになり、雑学本を読み漁るのですが、この雑学本もいわば「エピソードの宝庫」。社会人になってからは、ビジネス本や自己啓発本から面白いエピソードを抜き書きしたりしていました。

こうして考えてみると、私は「エピソード力」に魅せられたような人生を送ってきたと言えます。そして、私自身、人生でピンチに立った時、一流の人たちの考え方が垣間見えるエピソードに助けられてきたのです。

本書では、今までに私が見聞きした膨大なエピソードから、厳選に厳選を重ねたモノのみをお届けしました。紹介したエピソードが1つでも、今後のあなたの人生のお役に立つことがあればこれほど嬉しいことはありません。

西沢泰生

壁を越えられないときに
教えてくれる
一流の人のすごい考え方

発行日　2012年10月4日　第1刷
発行日　2022年2月7日　第12刷

著者　西沢泰生

本書プロジェクトチーム
編集統括　柿内尚文
編集協力　おかのきんや
カバーデザイン　TYPEFACE（渡邊民人、小林祐司）

営業統括　丸山敏生
営業推進　増尾友裕、綱脇愛、大原桂子、桐山敦子、矢部愛、高坂美智子、寺内未来子
販売促進　池田孝一郎、石井耕平、熊切絵理、菊山清佳、吉村寿美子、矢橋寛子、遠藤真知子、森田真紀、氏家和佳子
プロモーション　山田美恵、藤野茉友、林屋成一郎
講演・マネジメント事業　斎藤和佳、志水公美

編集　小林英史、栗田亘、村上芳子、大住兼正、菊地貴広、山田吉之
メディア開発　池田剛、中山景、中村悟志、長野太介
管理部　八木宏之、早坂裕子、生越こずえ、名児耶美咲、金井昭彦
マネジメント　坂下毅
発行人　高橋克佳

発行所　株式会社アスコム

〒105-0003
東京都港区西新橋2-23-1　3東洋海事ビル
編集局　TEL：03-5425-6627
営業局　TEL：03-5425-6626　FAX：03-5425-6770

印刷・製本　株式会社光邦

Printed in Japan ISBN 978-4-7762-0747-4

アスコムのベストセラー

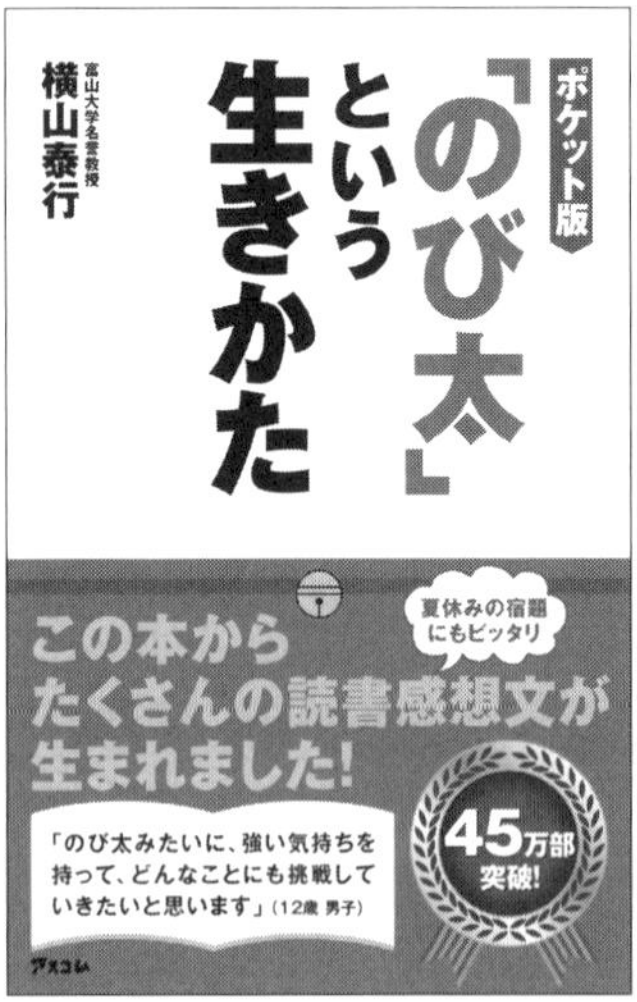

シリーズ45万部突破!

ポケット版

「のび太」という生きかた

富山大学名誉教授 横山泰行

新書版 定価880円(本体800円+税10%)

やさしさ　挑戦する勇気　前向きな心

のび太は人生に大切なことを教えてくれます。

元気・勇気をもらえた! と子どもから大人まで大反響!

- 「本嫌いな自分でもあっという間に読めた。こんなに楽しく読めたのは初めて」(14歳 男子)
- 「のび太の生き方に勇気をもらった。ヘコんだときに何度も読みたい」(38歳 女性)
- 「この本を読んで子どもが人生相談してきました。親子の絆が深まり感謝」(56歳 女性)

お子さんやお孫さんにもおススメ!
親子で読みたいロングセラー!

お求めは書店で。お近くにない場合は、ブックサービス ☎0120-29-9625までご注文ください。
アスコム公式サイト http://www.ascom-inc.jp/ からも、お求めになれます。